LE PHILOSOPHE ALLEMAND

JACOB BŒHME

(1575-1624)

PAR

M. ÉMILE BOUTROUX

PROFESSEUR A LA FACULTÉ DES LETTRES DE PARIS

PARIS
FÉLIX ALCAN, ÉDITEUR
108, BOULEVARD SAINT-GERMAIN, 108

1888

LE PHILOSOPHE ALLEMAND

JACOB BŒHME

(1575-1624)

PAR

M. ÉMILE BOUTROUX

PROFESSEUR A LA FACULTÉ DES LETTRES DE PARIS

PARIS
FÉLIX ALCAN, ÉDITEUR
108, BOULEVARD SAINT-GERMAIN, 108

1888

EXTRAIT DU COMPTE RENDU
De l'Académie des Sciences morales et politiques
(INSTITUT DE FRANCE)
PAR M. CH. VERGÉ
Sous la direction de M. le Secrétaire perpétuel de l'Académie.

(Séances des 11, 18 et 25 février 1888)

LE
PHILOSOPHE ALLEMAND JACOB BŒHME

(1575-1624)

> « Gott ist von der Natur frei, und die Natur ist doch seines Wesens. »
>
> J. BŒHME, *Vom dreifachen Leben des Menschens*, 16, 37 (Bœhme's Werke édit. Schiebler, t. IV, p. 249).

I.

Ce n'est pas l'usage, même en Allemagne, d'assigner au cordonnier théosophe de la Renaissance, Jacob Bœhme, une place importante dans l'histoire de la philosophie. On reconnaît en lui, avec Hegel, un esprit puissant ; mais, quand on accorde que de son œuvre obscure et confuse se dégagent un certain nombre de doctrines à peu près saisissables pour l'intelligence, on range ces doctrines du côté de la théologie et de l'édification chrétienne, plutôt qu'on n'y voit des monuments de la science profane et rationnelle. Une telle appréciation est naturelle en France où la philosophie, selon l'esprit de Descartes, relève surtout de l'entendement et se défie de tout ce qui ressemble au mysticisme. Mais en Allemagne la philosophie n'a pas revêtu d'une façon aussi constante la forme rationaliste. A côté de la lignée des Leibniz, des Kant, des Fichte et des Hegel, qui sont comme les scolastiques de l'Allemagne moderne, il y a la série des philosophes de la croyance, de la religion ou du sentiment : les Hamann, les Herder, les Jacobi, le Schelling théosophe, et l'illustre philosophe chrétien, Franz von Baader. Ceux-ci sont, en face de ceux-là, les dissidents mystiques, comme jadis les Eckhart et les Tauler en face du rationalisme thomiste. Et même les philosophes allemands de la réflexion et du concept, les Kant et les Hegel, si l'on considère le fond et l'esprit de leur doctrine, et non la forme sous laquelle ils l'exposent, sont moins exempts de mysticisme et de théosophie qu'il ne semble et qu'ils ne le disent. Car eux aussi placent l'absolu véritable, non dans l'étendue ou dans la pensée, mais dans l'esprit conçu comme supérieur aux catégories de l'entendement, et eux aussi cherchent à fonder la nature sur cet absolu. Or, si l'on a égard à cette forte empreinte de mysticisme et de théosophie que présentent en Allemagne non seulement tout une série d'importants systèmes philosophiques, mais même les systèmes classiques par excellence, on ne pourra manquer, recherchant les origines de la philosophie allemande, de donner une grande attention au cordonnier théosophe; et l'on se demandera s'il ne mérite pas le nom de philosophe allemand qui lui fut donné, de son vivant même, par son admirateur et ami le docteur Walther.

A première vue, il est vrai, ce nom ne semble guère lui convenir. Bœhme n'est pas un savant, un dialecticien, ni même un chercheur désintéressé. Fils de paysans, il a commencé par garder les bestiaux. Puis il est devenu cordonnier à Gœrlitz, ville voisine de son lieu de naissance, et il a consciencieusement exercé son métier dans la crainte du Seigneur. Il a épousé la fille d'un honorable boucher de la ville, Catharina Kuntzschmann, dont il a eu quatre fils, et, dit-on, deux filles. Il a élevé ses fils selon sa condition et en a fait des ouvriers. Il a vécu dans la piété, la simplicité et l'humilité chrétienne. Il ne cessait, il est vrai, de méditer sur les choses religieuses. Mais tout son souci était, nous dit-il, de chercher dans le cœur de Dieu un abri contre la colère divine et contre la méchanceté du diable. Il a écrit : son œuvre est même considérable. Mais à quelle source a-t-il puisé? Il n'a lu ni les classiques ni les scolastiques; il ne connaît que les mystiques et les théosophes. Et même ce qu'il sait, il le doit avant tout, nous dit-il, à des révélations personnelles et surnaturelles. Quatre fois la lumière céleste lui est apparue ; il a vu, tantôt le Christ, tantôt la Vierge éternelle ; et, en quelques instants, il en a plus appris que s'il avait pendant des années fréquenté les écoles. En tête de chacun de ses ouvrages on lit : *geschrieben nach gœttlicher Erleuchtung ;* écrit en vertu d'une illumination divine.

L'œuvre répond aux conditions dans lesquelles elle a été composée. C'est un mélange confus de théologie abstruse, d'alchimie, de spéculations sur l'insaisissable et l'incompréhensible, de poésie fantastique et d'effusions mystiques : c'est un chaos étincelant. Le premier ouvrage composé par Bœhme s'appelle : « *L'aurore à son lever, ou la racine et la mère de la philosophie, de l'astrologie et de la théologie considérées dans leur véritable principe : description de la nature, où l'on voit comment toutes choses ont été à l'origine,* etc. » Bœhme y expose la genèse de la sainte Trinité, la création et la chute des Anges, la création et la chute de l'homme, la rédemption et les fins dernières du monde. Il voit et veut faire voir bien plus qu'il ne démontre : sa science est une hallucination métaphysique. Aussi fait-il constamment violence à la langue : il lui demande d'exprimer l'inexprimable. Les termes de l'ancienne mystique, de l'alchimie, de la philosophie sont mis par lui à contribution ; il leur impose des sens d'une subtilité inouïe, il veut qu'au fond de toute pensée il y ait de l'infini et du mystérieux. Est-il possible qu'en une telle œuvre il y ait matière à récolte pour l'historien de la philosophie, à moins que, par une interprétation arbitraire, il ne transforme en concepts ce qui chez l'auteur n'est qu'intuition et imagination ?

Il serait malséant, pour juger cet homme qui ne visait qu'à dégager l'esprit de la lettre, de s'en tenir aux apparences. Bœhme, en réalité, n'est pas l'homme simple et ignorant qu'il nous dit être. Il est doué d'une intelligence vive et ouverte, ainsi que l'ont tout de suite remarqué ses premiers maîtres. Or il vit dans un temps et dans un pays où s'agitent les plus grands problèmes. L'ancienne mystique fleurit encore en Allemagne avec Schwenckfeld et Sébastien Franck. En même temps s'y développe, depuis Nicolas de Cusa et sous l'influence du naturalisme italien, une théosophie brillante et profonde, représentée par Agrippa de Nettesheim et Paracelse, réhabilitation et divinisation de cette nature qu'anéantissaient les mystiques du moyen âge. D'un autre côté, à l'optimisme moral d'Eckhart et de ses disciples, Luther avait opposé la doctrine du mal radical et positif, qui se dresse contre Dieu, et qu'on ne saurait ramener à une simple diminution ou privation. Et, de bonne heure, les principes nouveaux étaient entrés en rapport ou en conflit avec le principe de l'ancienne mystique. Le protestantisme essayait déjà cette réconciliation de ses origines mystiques et de ses origines pauliniennes, de son monisme spiritualiste et de son dualisme moral, de son principe de liberté et de son principe de discipline, qu'il poursuit aujourd'hui encore. La théosophie s'unissait à la mystique dans Valentin Weigel, qui donnait pour matière à la réflexion subjective d'Eckhart l'homme de Paracelse, résumé, et perfection des trois natures, terrestre, sidérale et divine, de l'univers créé.

A ce mouvement des idées, Bœhme, dès sa jeunesse, prend avidement part. Dans les voyages qu'il fait comme compagnon cordonnier afin de devenir maître, il s'entretient des choses religieuses et théosophiques; il observe, il lit et il réfléchit. Ses lectures, peu nombreuses, portent sur des livres importants et sont très approfondies. Le livre des livres est pour lui la Bible, cette parole vivante et profonde qui, surtout depuis Luther, est l'aiguillon le plus puissant de la réflexion. Mais Bœhme a lu en outre les écrits de beaucoup de maîtres. Il a lu Schwenckfeld, et il a remarqué ses objections contre cette doctrine de la satisfaction vicaire, qui tend à remplacer par une action extérieure et accidentelle l'opération interne de la grâce, seule source possible de la conversion essentielle. Il a lu Paracelse, et il a goûté en lui l'apôtre enthousiaste de la vie, le révélateur de la puissance magique de l'imagination, le voyant qui retrouve dans le monde et dans l'homme naturel cette image de Dieu que les mystiques ne savaient plus y voir. Il a étudié l'alchimie, et il en a cherché le sens spirituel et vrai. La transmutation a été pour lui le symbole de la nouvelle naissance à laquelle l'homme est appelé; la pierre des philosophes s'est réalisée à ses yeux dans la puissance de la foi et de l'abandon à Dieu. Il a lu Valentin Weigel, et il s'est imprégné du mysticisme spiritualiste que ce pieux pasteur a hérité de Tauler, de la théologie allemande, de Schwenckfeld et de Sébastien Franck; et en même temps il a conçu, grâce à lui, l'idée d'une combinaison de la mystique et de la théosophie.

Bœhme n'a pas lu seulement dans les livres, mais encore dans la nature. Tout ce qu'elle offre à nos yeux est pour lui un enseignement; car la matière n'est pas un être à part, étranger à l'esprit : elle est l'esprit lui-même, révélé et visible. Les étoiles, le soleil, les éléments de la terre, la vie surtout, dans son origine et ses phases, l'arbre avec sa croissance, l'animal avec son désir et son instinct désintéressé, l'homme avec sa vie intérieure, sa lutte contre le mal, ses défaites et ses triomphes : Bœhme contemple avec recueillement toutes ces choses ; et, dans sa communication immédiate et religieuse avec la nature, il espère que celle-ci lui infusera son esprit et lui révèlera les mystères de l'être. Car c'est l'être éternel, intérieur et vivant qu'il cherche en tout et partout. Aussi les phénomènes de la nature, comme les doctrines exposées dans les livres, sont-ils pour lui des signes à déchiffrer, non l'objet même qu'il s'agit de connaître. Et s'il lit et observe, c'est pour avoir une matière où son esprit s'appuie pour réfléchir. Dégager l'esprit de la lettre, saisir la force agissante au sein du phénomène inerte, pénétrer jusqu'aux sources premières de toute réalité, voilà l'effort de Bœhme. Aussi l'expérience intérieure et la réflexion sont-elles, en définitive, ses vrais moyens d'investigation. Il est vrai qu'il est illuminé, que sa méditation est une prière et ses découvertes des révélations divines. Mais qu'importe l'explication que l'homme se donne à lui-même de la voie par où les idées sont entrées dans sa conscience ? La géométrie analytique de Descartes en est-elle moins vraie, parce qu'il en rapportait l'invention à l'assistance de la Sainte-Vierge ? C'est peut-être une suite de la constitution de l'esprit humain d'attribuer d'abord à une révélation surnaturelle et de considérer comme entrant du dehors dans son esprit les idées nouvelles qui surgissent en lui et qui lui imposent par leur lumière et par leur beauté. Les essences platoniciennes, le νοῦς d'Aristote, l'idéal chrétien, les principes suprêmes de la connaissance et de l'action ont été reçus pour des êtres et des choses en soi avant d'être expliqués par les lois de l'esprit humain. Le naturel a d'abord été surnaturel ; car le génie ne sait comment il procède, et il s'apparaît à lui-même comme un dieu qui visite la créature. Bœhme, il est vrai, ne se contente pas de recevoir dans son intelligence les révélations de l'intelligence divine : il est visionnaire. La sagesse incréée, la Vierge éternelle lui est plusieurs fois apparue. Mais un enthousiasme, même quelque peu maladif, peut aussi bien accroître qu'affaiblir les forces de l'esprit humain ; et il arrive que l'ébranlement de l'organisme est justement l'effet de la tension excessive à laquelle l'esprit a dû le soumettre pour réaliser ses créations. Le roseau pensant plie sous l'effort de la pensée encore plus que sous l'effort de la matière. Il n'est en définitive qu'une clef et qu'une mesure de l'œuvre d'un penseur comme d'un artiste, c'est cette œuvre même. L'auteur est le moule qui disparaît devant la statue.

II

Que trouvons-nous donc dans l'œuvre de Bœhme si nous la considérons en elle-même, tant dans son esprit et sa signification interne, comme le veut l'auteur, que dans son contenu réel et objectif, comme le veut l'histoire ?

Et d'abord quel est le mobile des réflexions du cordonnier théosophe ? « Depuis ma jeunesse, nous dit-il, je n'ai cherché qu'une chose : le salut de mon âme, le moyen de conquérir et de posséder le royaume de Dieu. » Il n'y a là, en apparence, qu'un objet tout pratique et religieux ; mais dans l'esprit de Bœhme cet objet va provoquer de profondes spéculations métaphysiques.

Il a appris des mystiques ce que c'est que posséder Dieu. Il faut se garder, enseignent ces maîtres, d'assimiler la possession de Dieu à la possession d'une chose matérielle. Dieu est esprit, c'est-à-dire, pour qui comprend la valeur de ce terme, puissance génératrice antérieure à toute essence, même à l'essence divine. Dieu est esprit, c'est-à-dire volonté pure, infinie et libre, se donnant pour objet la réalisation de sa propre personnalité. Dès lors on ne peut recevoir Dieu par une opération passive. On ne le possède que s'il se crée en nous. Posséder Dieu, c'est vivre de la vie de Dieu.

D'autre part, Bœhme a appris de Luther que l'homme naturel n'est pas simplement un fils éloigné de son père, qu'entre Dieu et sa créature il n'y a pas seulement un espace inerte, un non-être sans résistance. L'homme naturel est révolté contre son créateur : entre lui et Dieu se dresse le péché comme une puissance réelle et positive, qui fait effort pour surmonter l'action divine. Le mal n'est pas un non-être : c'est un être véritable qui est en lutte avec le bon principe. Et Bœhme retrouve partout dans la nature cette lutte effective que Luther lui a fait voir dans la conscience humaine. Qu'il regarde le soleil et les étoiles, ou les nuages, la pluie et la neige, les créatures raisonnables ou les créatures sans raison, telles que le bois, les pierres, la terre et les éléments ; de quelque côté qu'il se tourne, partout il voit le mal vis-à-vis du bien, la colère en face de l'amour, l'opposition du oui et du non. La justice même est ici-bas aux prises avec son contraire. Car les impies prospèrent comme les fidèles, les peuples barbares sont en possession des plus riches contrées et jouissent plus que les serviteurs de Dieu des biens de la terre. En observant ces choses, nous dit Bœhme, je suis tombé dans une profonde mélancolie et mon esprit s'est troublé. Aucun livre de ceux que je connaissais ne m'apporta de consolation. Et le diable était là qui me guettait et qui me soufflait des pensées païennes que j'aurais honte d'exprimer ici. Est-il bien vrai que Dieu est amour, comme l'enseigne le christianisme, que Dieu est tout-puissant, que rien n'a de réalité devant lui? telles sont sans doute les questions que Bœhme sentait poindre au fond de sa conscience. Le diable aurait bien voulu qu'il renonçât à pénétrer le mystère et s'endormît dans l'indifférence. Mais Bœhme a pénétré ses desseins et a résolu de les déjouer.

Comment donc concilier la fin de l'activité humaine, si noblement conçue par les mystiques, avec la réalité des choses, si exactement constatée par le fondateur du protestantisme? Comment, si l'homme et toute la nature sont radicalement révoltés contre Dieu, maintenir la possibilité de la naissance de Dieu au sein de l'âme humaine? Si l'homme, semblable à un arbre pourri, ne peut vouloir et faire que le mal (1), il n'y a pas de milieu, semble-t-il, entre abandonner cet arbre à sa pourriture, et le déraciner et jeter au feu. Si la nature est en opposition absolue avec Dieu, ou Dieu ne peut rien sur elle, ou il doit la détruire.

(1) Selon l'expression de Luther.

Maintenir l'idéal spiritualiste et optimiste des mystiques tout en envisageant la nature au point de vue pessimiste de Luther et, plus généralement, à un point de vue réaliste : telle est la tâche que Bœhme s'est imposée. Cette tâche se détermine dans son esprit de la manière suivante : Tandis que pour les mystiques il s'agissait de savoir comment Dieu pouvait naître en ce qui n'est pas lui, Bœhme se demande comment il peut renaître en ce qui violemment s'est séparé de lui. Or, il estime qu'il pourra résoudre ce problème s'il peut découvrir, et la source de l'existence divine, et l'origine du monde et du péché. Et cette science sera la régénération même. Car, lorsqu'elle pénètre jusqu'aux sources, la connaissance se confond avec l'action et la réalité. Voir les choses du point de vue de Dieu, c'est renaître à la vie divine.

Telle sera donc la division fondamentale du système de Bœhme : 1° Comment Dieu s'engendre-t-il lui-même ? 2° Pourquoi et comment Dieu a-t-il créé le monde, et comment le mal s'y est-il introduit ? 3° Comment Dieu peut-il renaître au sein de la créature corrompue, et quelles sont les fins dernières des êtres ?

C'est, on le voit, la question de l'origine et de la fin posée dans toute sa généralité et dominant toutes les autres. Tandis que les anciens cherchaient *a posteriori* quels principes stables et déterminés se cachent sous le mouvement et l'indétermination des phénomènes, et ne connaissaient pas de milieu entre un absolu indéterminé tout illusoire, tel que le hasard, et un absolu plein et achevé, tel que l'intelligence, notre philosophe, pour qui toute nature est le résultat d'une action, cherche comment s'est fait l'absolu lui-même, en tant qu'il est ceci et non cela, et descend, en ce qui concerne Dieu lui-même, de la puissance infinie à la production de l'être déterminé. La philosophie des anciens était surtout une classification : celle de Bœhme sera une construction. Le problème de la genèse s'est substitué à celui de l'essence des choses. Et comme l'être dont on cherche la genèse et dont le mouvement interne doit expliquer la nature est expressément la personne consciente, libre et agissante, le système que nous allons étudier nous apparaît comme l'aurore d'une philosophie nouvelle, qu'on peut appeler la philosophie de la personnalité, considérée en elle-même et dans ses rapports avec la nature.

Quelle méthode Bœhme préconise-t-il pour cette recherche ?

Il s'agit, ne l'oublions pas, de voir découler l'être de sa source première, c'est-à-dire de saisir le passage de rien à quelque chose. Or, pour un tel objet, les moyens dont dispose la philosophie ordinaire sont impuissants. Que nous donnera l'érudition, sinon des opinions, des idées abstraites ? La Bible même, si l'on y cherche la lumière sans remonter au delà, n'est qu'une lettre morte, un symbole qui ne s'explique pas. Il en est des sens et de la raison comme de l'érudition. Les sens ne nous font connaître que les dehors figés et les produits des choses, non leur fond et leur vie interne. La raison extérieure, ou élaboration naturelle des données de l'expérience, est morte comme les matériaux qu'elle assemble. Elle analyse, elle sépare ; et les objets qu'elle considère, ainsi arrachés au tout vivant dont ils faisaient partie, ne sont plus que des êtres fictifs, incapables de nous instruire sur leur nature vraie et sur leur origine. C'est la raison extérieure qui, voyant en ce monde les méchants prospérer à l'égal des bons, insinue à l'homme que le mal est l'égal du bien, et qu'ainsi l'existence du Dieu de la religion est problématique.

Toutes ces méthodes ont le même vice : elles sont passives et mortes. Elles supposent un objet réalisé et donné, et elles mettent l'esprit, comme un miroir inerte, en face de cet objet. Seule, une méthode vivante peut nous faire pénétrer dans les mystères de la vie. L'être seul connaît l'être, et il faut engendrer avec Dieu pour comprendre la génération. La vraie méthode consiste donc à assister ou plutôt à prendre part à l'opération divine qui a pour terme l'épanouissement et le règne de la personnalité ; c'est la connaissance comme conscience de l'action : méthode qui, vraiment, va de la cause à l'effet, tandis que toute méthode purement logique, bornée à l'élaboration des données de l'expérience, n'est et ne saurait être qu'un vain effort pour s'élever de l'effet à la cause.

Mais comment l'homme pourra-t-il se placer ainsi au point de vue de Dieu ? Monter jusqu'à Dieu lui est impossible : il n'y a point de transmutation de la créature dans le créateur. Du moins, si l'homme ne peut monter en Dieu, Dieu peut descendre en l'homme. Non que Dieu puisse être évoqué et comme contraint matériellement par les pratiques d'une fausse magie ou par les œuvres d'une dévotion extérieure. Mais Dieu descend dans l'homme, si l'homme meurt à sa nature innée et corrompue, pour s'abandonner à l'action divine. Le Christ l'a dit : « Il vous faut naître de nouveau, si vous voulez voir le royaume de Dieu. » La conversion du cœur dessille l'œil de l'âme. Comme l'homme extérieur voit le monde extérieur, ainsi l'homme nouveau voit le monde divin où il habite. Et ce retour vers Dieu est possible à l'homme, puisqu'il a été créé à l'image de Dieu. Il n'a qu'à rentrer au plus profond de lui-même, à dégager l'homme intérieur de l'homme extérieur pour participer à la vie divine. « Considère-toi toi-même, cherche-toi, trouve-toi : voilà la clef de la sagesse. Tu es l'image et l'enfant de Dieu. Tel est le développement de ton être, telle est en Dieu l'éternelle naissance. Car Dieu est esprit ; et, de même, en toi, ce qui commande est esprit, et a été créé de la souveraineté divine. »

Quand une fois l'homme est ainsi placé au point de vue interne de la genèse universelle, tout ce qui d'abord n'était que voile et fumée interposée entre lui et la lumière, devient symbole transparent et expression fidèle. L'érudition, la Bible, la tradition, les concepts, les phénomènes de la nature, toutes ces choses, mortes en elles-mêmes, s'animent et vivent quand on les regarde avec l'œil de l'esprit. La parole éternelle qui parle au fond de nous-même nous dit le sens vrai de la parole écrite et sensible. Ce n'est pas tout: il y a, entre le dedans et le dehors, réciprocité d'action. Certes, la vue des choses extérieures ne nous eût jamais, à elle seule, révélé le principe que ces choses manifestent : ce principe veut être saisi en lui-même. Mais le premier être n'est tout d'abord, pour nous, qu'une forme vide ; et c'est par la juste interprétation des phénomènes qu'il prend corps et se détermine. Il ne saurait, toutefois, trouver jamais dans les phénomènes son expression adéquate. Infini, l'esprit ne peut être entièrement manifesté, car toute manifestation se fait au moyen du fini. L'esprit est par essence éternel mystère. Nous devons donc, et nous servir des phénomènes pour entrevoir le détail des perfections divines, et nous rappeler que les phénomènes n'en sont jamais qu'une manifestation imparfaite. Et dans les discours que nous faisons sur l'origine de Dieu et des choses, nous devons à la fois faire appel à toutes les images que nous fournissent les sens et la raison, et ne voir dans ces images que des métaphores toujours grossières qui doivent être entendues en esprit et en vérité. La sagesse de Dieu ne se laisse pas décrire.

III

Cette maxime trouve son application dès le premier pas qu'essaie de faire la théosophie. Nous avons, pour commencer, à exposer la naissance de Dieu, la manière dont Dieu s'engendre lui-même. Mais parler de naissance de Dieu en prenant ces mots à la lettre, c'est parler le langage du diable ; car c'est dire que la lumière éternelle a jailli des ténèbres, et que Dieu a eu un commencement. Pourtant je suis obligé d'employer ce terme de naissance de Dieu : autrement tu ne pourrais me comprendre. Êtres bornés, nous ne parlons qu'en morcelant les choses, en brisant l'unité du tout. Il n'y a en Dieu ni alpha ni omega, ni naissance ni développement. Mais je suis obligé de ranger les choses l'une après l'autre. C'est au lecteur à ne point me lire avec les yeux de la chair.

La nature éternelle s'engendre elle-même sans commencement. Comment se fait cette génération ?

Bœhme se pose ici le problème classique de l'aséité. Mais tandis que par ce terme les scolatiques entendent une simple propriété de l'être parfait et une propriété surtout négative, Bœhme veut que cette expression étrange : « Dieu cause de soi » prenne un sens précis, concret et positif. Sonder le mystère qu'elle renferme est pour lui la question première et capitale, dont la solution éclairera toutes les autres. Et il ne croit pas devoir s'arrêter dans ses recherches tant qu'il n'aura pas reconstruit par la pensée la suite logique des opérations par lesquelles Dieu s'élève du néant à la pleine existence.

Qu'y avait-il donc au commencement, et de quel germe Dieu s'est-il engendré ?

Au commencement était l'être qui ne suppose rien avant lui, en qui, par conséquent, rien n'est essence, nature, forme finie et déterminée : car tout ce qui existe comme chose déterminée exige une cause et une raison. Nous ne pouvons, quant à nous, concevoir cet être que comme le rien éternel, l'infini, l'abîme, le mystère. Bœhme se sert du mot *Ungrund* pour désigner cette source première des choses, voulant dire par là qu'au-dessous de Dieu il n'y a rien qui lui serve de base, et aussi que dans le premier être le fondement ou la raison des choses n'est pas encore manifesté. L'infini primordial n'est ainsi en lui-même rien que silence, repos sans commencement ni fin, paix, éternité, unité et identité absolues. En lui nul but, nul lieu, nul mouvement pour chercher et trouver. Il est exempt de la souffrance, compagne du désir et de la qualité. Il n'est ni lumière ni ténèbres. Il est, pour lui-même, mystère impénétrable.

Telle est la condition initiale de la divinité. En est-ce aussi l'achèvement? Si l'on dit oui, on réduit Dieu à n'être qu'une propriété abstraite, dénuée de force, d'intelligence et de science ; et on le rend incapable de créer le monde où se rencontrent ces perfections dont il est privé. Mais il est impossible que Dieu soit cet être inerte habitant par delà les cieux. Le Père est tout-puissant, tout-connaissant; il est la douceur, l'amour, la miséricorde, la béatitude elle-même. Et le monde tient de lui toutes les perfections qui s'y rencontrent. Comment donc se fera le passage du Dieu néant au Dieu personne et Créateur?

C'est ici le point capital du système de Bœhme. La solution que notre théosophe a donnée du problème de la génération éternelle est son œuvre propre, et ouvre une voie nouvelle où marcheront de nombreux philosophes.

Les anciens mystiques, il est vrai, s'étaient déjà engagés dans cet ordre de recherches. Eckhart se demandait comment la divinité purement potentielle, immobile et inactive, qui est le premier être, devient le Dieu vivant et personnel, qui seul est le vrai Dieu. Et il expliquait le passage de l'une à l'autre par le rôle de l'image ou idée de Dieu, laquelle émanait spontanément de la puissance primordiale, comme de chacune de nos tendances sort une idée qui l'objective et la manifeste. En se contemplant dans son image, la substance absolue prenait conscience d'elle-même et se posait comme personne.

Bœhme, à coup sûr, s'inspire de cette doctrine, mais il fait tout autre chose que de la reprendre et de la continuer. Avec ce sens de l'existence concrète, de la vie et de la nature qui le caractérise, il ne peut se contenter du Dieu encore abstrait des anciens mystiques. Eckhart avait à peu près expliqué comment Dieu prend conscience de lui-même. Mais la conscience de soi n'est que l'ombre de l'existence : pour que Dieu soit vraiment personne et pour que la nature trouve en lui les éléments d'une existence positive, il faut que la génération divine soit autre que ne l'enseigne Eckhart.

Bœhme part de ce principe que Dieu, qui est mystère, veut se révéler dans la plénitude de son être, c'est-à-dire se manifester comme personne vivante et capable de créer. En tant qu'il poursuit la révélation de lui-même, Dieu veut et pose toutes les conditions de cette révélation. Or il y a, selon Bœhme, une loi suprême qui régit les choses divines comme les choses humaines : c'est que toute révélation exige une opposition. Comme la lumière n'est visible que réfléchie par un corps obscur, ainsi une chose quelconque ne se pose qu'en s'opposant à son contraire. Ce qui ne rencontre pas d'obstacle va toujours devant soi et jamais ne rentre en soi, jamais n'existe manifestement, pour soi ni pour autrui. Et l'on peut, dans la relation du principe donné avec son contraire, distinguer deux moments. La simple présence du principe négatif en face du principe positif ne manifeste celui-ci que comme puissance ou possibilité. Si l'on veut que cette puissance devienne réalité, il faut qu'elle agisse sur le principe négatif, qu'elle le discipline et en fasse son instrument et son expression. Cette loi d'opposition et de conciliation gouverne la genèse divine. Si l'esprit divin doit se révéler, il ne restera pas en soi, mais il suscitera son contraire. Ce n'est pas tout : agissant ensuite sur ce contraire, il se l'assimilera et le spiritualisera. Bœhme va donc engager Dieu dans une série d'oppositions. A mesure que se produiront les contradictions et les conciliations, à mesure se réalisera la personnalité divine. Et quant à l'essence contraire ou nature sur laquelle Dieu s'appuiera pour se personnifier, elle constituera, en Dieu même, le fondement éternel de notre nature créée.

Telles sont les idées qui dominent le système de Bœhme et lui impriment son caractère propre. Elles ont leur centre dans un principe que l'on peut formuler en ces termes : l'être se pose comme puissance en s'opposant, et comme réalité en se conciliant ce qui lui est opposé.

Mais ces idées générales sont moins formulées à une place spéciale qu'elles ne sont mises en œuvre dans le développement du système.

Au commencement était le rien. Ce rien n'est pas l'absolu néant. Tout au contraire, c'est l'être même, c'est le Bien éternel, l'éternelle douceur et l'éternel amour ; mais c'est l'être en soi, c'est-à-dire non manifesté. Dans ce rien réside ainsi une opposition interne. Il n'est rien et il est tout ; il est l'indifférence et il est l'excellence. C'est pourquoi ce rien doit nous apparaître comme instable et vivant. Il va se mouvoir pour se concilier avec lui-même.

Le premier effet de l'opposition que nous venons de remarquer est la scission de l'infini primordial en deux contraires : le désir (*Sucht*) et la volonté (*Wille*). Le rien est désir, car il est mystère et le mystère tend à se manifester : le rien est le désir de devenir quelque chose. Mais l'objet où il tend n'est pas indéterminé : c'est la manifestation et la possession de soi-même. Ainsi, désir par un côté, l'infini est, par un autre, ce qu'on nomme volonté. Le désir inconscient et inassouvi engendre la volonté, mais la volonté, à laquelle appartient la connaissance et l'entendement, règle et fixe le désir. A l'un le mouvement et la vie, à l'autre l'indépendance et le commandement. La volonté est plus grande que la puissance dont elle est née. Cette dualité est l'origine de toutes les oppositions que suscitera le progrès de la révélation divine. La volonté est le germe de la personnalité divine et le fondement de toute personnalité ; le désir, essence et corps de la volonté, est le germe de la nature éternelle et le fondement de la nature sensible.

Ainsi, grâce à la présence du désir qui fait contraste avec elle, la volonté se manifeste. Mais le oui et le non ne sont pas deux choses en dehors l'une de l'autre. C'est une seule et même chose, laquelle ne s'est divisée que pour permettre au oui de se révéler. C'est pourquoi la séparation, à son tour, est un état instable. Le oui, qui dans cette séparation est, en lui-même, dépourvu d'essence et ténu comme un rien, fait effort pour se rendre concret en absorbant le non et en reconstituant l'unité à son profit. Aux deux termes opposés, désir et volonté, se superpose ainsi un troisième terme, qui est l'idée d'une conciliation du premier avec le second. La production de ce troisième terme est l'œuvre de l'imagination. Cette faculté est, d'une manière générale, le désir s'appliquant à une image et tendant à l'absorber, comme la faim absorbe l'aliment, pour la produire ensuite au dehors, transformée en réalité vivante par l'action du sujet lui-même. Or la volonté, qui est esprit, et dont l'objet est la révélation de soi-même, s'unit au désir pour imaginer cette révélation et devenir, par là même, capable de la réaliser. L'imagination fait de la volonté une magicienne. Ce que veut la volonté se détermine dans l'effort même qu'elle fait pour se le représenter. Elle veut se trouver et se saisir : par conséquent, elle veut former en soi un miroir d'elle-même ; et comme le désir est la matière sur laquelle elle travaille, elle veut que le désir infini, en se fixant sur le Bien, devienne ce miroir.

Voici donc la tâche qui s'offre maintenant à Dieu ou à la volonté : régler le désir selon la loi du Bien, et, par là, former un objet qui soit un miroir de la volonté, et où elle puisse se contempler et se reconnaître. En accomplissant cette tâche, la volonté divine va sortir du néant et conquérir la réalité.

Dieu veut se manifester, se former un miroir de lui-même. Il ne peut y parvenir que par une triple action. Il faut d'abord qu'il se pose comme volonté indéterminée, capable de vouloir le bien ou le mal. Mais une telle volonté n'est ni bonne ni mauvaise. Dieu doit sortir de cette indifférence. Il en sort en engendrant en soi le Bien unique et éternel, ou la volonté déterminée. Ce bien, qui est Dieu, n'est pas un objet ou une chose, c'est encore la volonté, mais c'est la volonté ferme et infaillible. Avec la génération de cette volonté un commencement s'est posé dans l'infini, un fond s'est formé dans l'abîme, et une raison des choses s'est superposée au mystère éternel. Cependant la volonté première ne s'est pas épuisée dans la génération de la volonté déterminée. Elle conserve son infinie fécondité. Aussi du concours de la volonté infinie et de la volonté déterminée naît une troisième volonté, à savoir la volonté sortant d'elle-même pour produire un objet. Et l'objet qui est le résultat de cette triple action n'est autre que le miroir de la volonté même, la sagesse éternelle. Cette sagesse n'est pas Dieu : elle n'en est que l'image. Mais grâce à elle Dieu désormais se révèle à lui-même : il se voit comme une volonté à la fois triple et une. On peut caractériser par les noms de volonté proprement dite, de raison et de force ces trois moments de l'activité divine. On peut aussi les nommer Père, Fils et Esprit. Ce ne sont pas là trois dieux, parce que chacun des trois est un être spirituel et que la séparation des substances n'existe que dans le monde matériel. Ce ne sont pas même trois personnes. Car la volonté en face de son image ou idée n'est que connaissance et conscience d'elle-même : elle n'exerce pas encore cet empire sur un être-chose qui est la condition de la personnalité. Dieu, à vrai dire, n'est personne que dans le Christ. Il n'y a autre chose, dans la génération que nous avons considérée, qu'une triple action de la volonté une.

Quant à la sagesse éternelle dont la production est le résultat de cette action, et où se voit et se trouve la Trinité agissante, elle n'est pas une quatrième volonté : mais elle est située en face de la Trinité comme sa représentation ou son objet. Elle est cette conciliation du désir avec la volonté que celle-ci s'était proposé d'accomplir. Comme tout miroir, elle est passive et n'engendre point. Elle est la vierge éternelle. En elle sont toutes les perfections divines, mais comme idées et paradigmes, non comme forces et êtres vivants. Car ces perfections sont objets de volonté, non volontés elles-mêmes ; et sans la volonté, sur laquelle elle se fonde, la vie ne saurait exister. La vie et la fécondité n'appartiennent pas aux idées ou généralités, mais aux personnes seulement, en tant qu'elles agissent d'après les idées.

Telle est la genèse divine qui suit de l'apparition du désir et de la volonté au sein de l'infini primordial. Dieu, certes, est déjà loin du néant. Il se connaît comme volonté et comme volonté bonne. Mais est-il le Dieu père, tout puissant et tout connaissant, amour et miséricorde, lumière et joie, que nous pressentons et que nous cherchons ?

Ce Dieu, si l'on y prend garde, ne réalise point encore la personnalité. Il se connaît, il est l'intelligence. Mais l'intelligence, comme nous le voyons en nous, n'est pas quelque chose de concret et de saisissable. Ce n'est pas une essence, mais la puissance ou le germe d'une essence. Le Dieu dont l'action tout intérieure n'a d'autre objet que lui-même est encore un Dieu caché, incomplètement révélé. C'est Dieu en tant que possible, c'est l'idéal divin. Pour que cet idéal se réalise et que Dieu soit la personne vivante, il faut que la volonté continue l'œuvre de génération éternelle qui n'est encore que commencée. Il faut à Dieu une seconde naissance.

C'est ici surtout que la loi des contraires va trouver son application. Considérons toutes les choses de ce monde qui existent véritablement : elles sont faites du oui et du non. « *In Ja und Nein bestehen alle Dinge.* » Le jour ne serait pas sans la nuit, ni la nuit sans le jour, le froid est la condition de la chaleur et la chaleur du froid. Supprimez l'opposition et la lutte, et tout va rentrer dans le silence et l'immobilité, tout va retourner au néant. L'un en tant qu'un n'a rien qu'il puisse vouloir. Pour qu'il veuille et qu'il vive, il faut qu'il se dédouble. De même l'unité ne peut se sentir, mais dans la dualité la sensation est possible. Il faut donc, pour qu'un être soit posé comme réel, qu'il soit opposé à son contraire ; et le degré de l'opposition mesure le degré de la réalisation.

Or, dans le développement de l'activité divine que nous avons considéré, Dieu n'a pas été opposé à quelque chose qu'on puisse à bon droit appeler son contraire. La puissance d'objectivation en présence de laquelle il s'est trouvé et qu'il a déterminée de manière à en former sa fidèle image ne différait de lui que comme l'idée diffère de l'intelligence. Rien, dans ce principe passif, qui fasse obstacle à l'action divine : un miroir réfléchit sans résistance les rayons qui viennent le frapper. Dans cette opposition tout idéale, Dieu ne pouvait acquérir qu'une existence idéale. Pour qu'il prenne corps comme personne, il faut qu'il soit engagé dans une lutte avec un contraire véritable, c'est-à-dire avec une puissance positive et active, dont l'action soit opposée à la sienne. Il faut donc que Dieu suscite un tel contraire, qu'il entre en rapport avec lui, lui tienne tête, et finalement le discipline et le pénètre : ainsi seulement s'achèvera l'œuvre de la génération divine. Comment va s'opérer ce nouveau développement ?

La volonté qui s'est réalisée dans l'évolution à laquelle nous avons assisté, et qu'on peut appeler la raison, est encore un pur esprit, un infini, un mystère. Mais le mystère, tant qu'il subsiste, appelle la révélation qui seule le détermine comme mystère. Mystère et révélation, comme tous les contraires, se supposent mutuellement. La volonté ne saurait donc rester la puissance obscure et ténébreuse qu'elle est encore (*Finsterniss*). Au sein de sa nuit s'allume un désir nouveau, celui d'exister d'une manière réelle et concrète, c'est-à-dire corporelle. Mais ce n'est pas par elle-même que la nuit s'embrase et devient feu, que la raison immobile se change en désir de vivre. Le terme où tend la volonté divine est la réalisation de la personnalité ou forme excellente de la vie. Au fond de la raison il y avait donc la lumière aussi bien que les ténèbres, l'aurore de la vie parfaite aussi bien que le désir obscur de la vie en général; et c'est au contact de la lumière naissante que l'obscur s'est allumé et est devenu le feu. Le désir de vivre est, au fond, la volonté de bien vivre. Le Dieu possible se dédouble ainsi en désir de la vie en général, et en volonté de réaliser la vie parfaite. Ce ne sont plus là deux entités abstraites et idéales, mais deux forces, positives et vivantes l'une comme l'autre. Et ces forces se présentent tout d'abord comme deux énergies rivales prêtes à entrer en lutte l'une contre l'autre. Car l'amour de la vie, livré à lui même, pousse l'être à exister de toutes les manières possibles : il ne fait nulle différence entre le bien et le mal, entre le beau et le laid, entre le divin et le diabolique. Au contraire, la volonté de bien vivre et d'être une personne commande un choix parmi les formes possibles de la vie, et exclut celles qui ne sont pas conformes à l'idéal. Le dédoublement du rien éternel en passivité et activité, désir et volonté, n'avait produit que l'opposition toute logique d'un sujet et d'un objet. Le dédoublement de la volonté en volonté négative et en volonté affirmative, en feu et en lumière, en force et en amour a pour résultat une opposition réelle, et un commencement de guerre intestine au sein de la divinité. Des deux puissances rivales, la première, la force ou la vie en général, est le principe et la mère; la seconde, l'amour ou la lumière, est la loi et la fin. L'une est le fond de la nature réelle, l'autre le fond de la personnalité divine.

Dans cette seconde opposition, Dieu s'éveille à la vie personnelle; mais, placé en face de la nature comme en face d'une puissance ennemie, il n'est d'abord qu'une énergie latente, une pure capacité d'amour et de lumière. Il faut, pour que cette énergie se déploie et se réalise, que l'amour entre en rapport avec la force et lui impose sa loi. Le progrès de la révélation divine appelle ainsi une conciliation des deux contraires qui ont surgi au sein de la volonté. Or, pour que cette conciliation s'opère, il faut premièrement qu'elle soit posée comme idée et comme but : il faut ensuite que la volonté divine travaille à réaliser cette idée. Mais la conciliation de la force avec l'amour ou du feu avec la lumière n'est autre que la réalisation de cette sagesse éternelle que la divinité a formée comme un miroir pour s'y contempler et s'y connaître. Il s'agit donc de faire descendre l'idée des hauteurs vides d'un ciel transcendant, pour la mêler aux forces vivantes et la manifester dans une nature corporelle. La sagesse idéale comme objet à réaliser : tel est le troisième terme qui se superpose aux deux contraires dans lesquels s'est dédoublée la volonté divine.

Comment s'accomplira la tâche nouvelle qui résulte de la position de ces trois termes ? Nous sommes ici sur le terrain de la vie : matière, agent et fin sont chacun des êtres doués de force et d'activité. C'est par la coopération de ces trois principes que la conciliation va s'opérer. Si l'amour est une action qui tend à adoucir la force, la force est un mouvement inconscient vers l'amour ; et l'idée elle-même, la sagesse idéale, saisie du désir de vivre, tend pour sa part à sa propre réalisation : la vierge, la compagne de Dieu, aspire à mettre au jour les merveilles divines qui sommeillent en elle. De ces éléments la magie éternelle forme le Dieu personne. La volonté s'attache par l'imagination à l'idée qu'elle se propose de réaliser ; elle la contemple, s'en éprend, brûle de s'unir à elle, la saisit et l'absorbe : elle l'absorbe pour l'engendrer en soi et la produire sous forme de réalité. De son côté l'idée est active et désire l'existence : c'est une âme qui se cherche un corps. Elle va au-devant de la volonté qui l'appelle. L'idée se réalise donc, sous l'action génératrice de l'imagination et du désir : l'esprit, par une opération tout intérieure, sans réalité corporelle préexistante, se donne une nature, une essence et un corps.

Cette réalisation de la sagesse éternelle est une œuvre complexe et merveilleuse qu'il importe de considérer dans ses détails.

Dieu l'accomplit au moyen de sept esprits organisateurs qu'il engendre en vue de ce travail. Ces esprits sont les forces qui naissent au sein de l'élément obscur, sous l'influence de l'élément lumineux, et qui ont pour mission de transformer la volonté qui dit « non » en la volonté qui dit « oui », de discipliner et diviniser la nature. Bœhme reprend ici et adapte à son système l'antique doctrine cabalistique des sept essences naturelles dont la dernière est le royaume divin. Les sept esprits, selon Bœhme, naissent successivement les uns des autres ; et leur succession marque le progrès de la nature vers Dieu. Les trois premiers amènent la nature ou l'élément obscur jusqu'au point où un contact sera possible entre elle et l'élément lumineux. Le quatrième réalise ce contact, et les trois derniers font régner la lumière et l'amour sur la nature soumise et persuadée.

Et d'abord naît dans la volonté le *désir* proprement dit, ou tendance égoïste. La volonté veut être quelque chose. Or elle n'a rien devant elle dont la possession puisse la déterminer. Elle se prend donc elle-même pour objet, et elle veut tout pour soi. Elle s'imagine alors être quelque chose, et pourtant elle n'est toujours rien que faim et que vide. Cette première essence est l'obscur, le solide, la force de contraction, le sel des alchimistes.

A sa suite se produit le *mouvement* comme seconde essence ou second esprit naturel. Car, à se prendre elle-même pour objet alors qu'elle est infinie et vide, la volonté ne peut se satisfaire. Elle se tourne donc vers le dehors et devient l'aigu, l'amer, la douleur, aiguillon de la sensibilité, la force d'expansion, le mercure des philosophes.

Cependant les deux forces qui se sont ainsi produites sont en conflit l'une avec l'autre. La première dirige l'être vers lui-même, la seconde le dirige vers autre chose. De cette opposition résulte, comme troisième essence, l'*inquiétude*, ou mouvement incessant d'une âme qui ne trouve pas son bien en soi et qui ne sait où le chercher. Les deux forces qui sont dans l'âme, la force de concentration et la force d'expansion, se contredisent et pourtant ne peuvent se séparer l'une de l'autre. Vide en elle-même, l'âme ne peut se fixer dans l'égoïsme : mue par l'égoïsme alors même qu'elle sort de soi et cherche son bien au dehors, elle ne peut atteindre à l'abnégation et à l'amour. Elle se fuit et se cherche. Ce mouvement inquiet est celui de la roue, mouvement qui n'arrive à aucun but et qui cependant se poursuit toujours. La troisième essence a donc pour expression la rotation, ou combinaison de la force centripète et de la force centrifuge. Elle est le fond du soufre des alchimistes.

La nature, par elle-même, s'élève jusque-là ; mais là s'arrête sa puissance. Elle a secoué le lourd sommeil et la basse quiétude de l'égoïsme, elle a cherché hors d'elle l'objet qu'elle ne trouvait pas au dedans. Mais pour l'œil du corps l'infini extérieur n'est pas moins vide que l'infini interne ; et l'âme n'a réussi qu'à se livrer à deux impulsions contradictoires et à se mettre au rouet. Cette contradiction intérieure d'un être qui cherche le repos par l'agitation est un supplice insupportable ; mais la nature, par elle-même, ne peut y mettre fin. Elle a épuisé ses ressources : rien de ce qui est en elle ne la tirera de sa condition. Le salut ne peut venir que de ce qui est au-dessus de la nature, à savoir de Dieu ou de la liberté éternelle. Mais comment ces deux puissances contraires parviendront-elles à se réunir ?

L'inquiétude qui tourmente la nature a cet avantage de manifester sa faiblesse, de lui crier qu'elle ne peut se suffire et former un tout. L'homme qui connaît sa misère est moins misérable que celui qui l'ignore. Sous l'influence de l'esprit qui plane au-dessus d'elle, la nature ressent bientôt un anxieux désir de la liberté. Un je ne sais quoi dit à l'âme qu'elle doit se donner à ce qui lui est supérieur, qu'en se sacrifiant elle se trouvera, qu'en mourant à soi-même elle naîtra véritablement. Et d'un autre côté l'esprit, la liberté a besoin de la nature pour se manifester et se réaliser. Si la nature pressent dans l'esprit sa loi et son harmonie, l'esprit cherche dans la nature sa réalité et son corps. L'esprit veut exister, comme la nature tend à s'affranchir de la souffrance. Ainsi poussés l'un vers l'autre l'esprit et la nature se rapprochent. Mais la nature a son mouvement propre et sa force d'inertie. Le désir nouveau qu'elle a ressenti ne fait que poindre en elle et ne modifie pas son habitude. Elle vient donc se heurter contre l'esprit qu'elle cherche et qui descend à elle ; et de ce choc naît un phénomène nouveau : l'*éclair*. Tel est le quatrième moment du progrès de l'existence, la quatrième essence. Ce moment est la manifestation du contact de la nature et de l'esprit. Dans l'étincelle de l'éclair, l'obscur, le grossier, le violent, tout ce qui constitue la tendance égoïste de la nature, est dévoré et rendu au néant. Les ténèbres s'allument et deviennent le feu vivant et manifeste, foyer de la lumière. La nature désormais est assujettie à l'esprit, et capable de le réaliser. Une loi divine s'est accomplie qui s'appliquera désormais à tous les êtres. Toute vie, selon cette loi, implique une double naissance. La souffrance est la condition de la joie; c'est en passant par le feu ou par la croix qu'on arrive à la lumière. *Per crucem ad lucem*. Dans l'ordre intellectuel comme dans l'ordre physique, l'enfantement est précédé par un état de malaise et d'inquiétude. La nature travaille et souffre, et ne se sent pas la force de mettre au jour le fruit qu'elle a conçu. Tout d'un coup cependant, un effort comme surnaturel se produit, la souffrance et la joie s'entrechoquent dans un instant indivisible, l'éclair jaillit, et le nouvel être passe des ténèbres à la lumière. L'enfant de la chair possède désormais sa forme et se développera par lui-même, suivant son idée directrice ; le fruit de l'intelligence n'est plus un chaos d'idées vagues et incohérentes, c'est une pensée consciente et sûre d'elle-même, qui s'engage sans hésiter dans l'expression qui la manifeste.

Avec l'apparition de l'éclair a pris fin la première existence de la nature divine, le développement de la triade négative. En même temps commence le développement d'une triade positive qui représente l'existence seconde et définitive de la nature. Contraction, expansion et rotation vont se retrouver dans le progrès de cette nature régénérée, mais en un sens nouveau et surnaturel.

La concentration nouvelle est l'œuvre de l'*amour* ou puissance unifiante de l'esprit. Sous son influence les forces abdiquent leur violence et se complaisent les unes dans les autres. Les passions égoïstes s'éteignent, et à l'unité d'individus prétendant chacun exister seuls se substitue une unité de pénétration, où chacun cherche dans son accord avec le tout la participation à l'unité véritable. L'amour est ainsi le cinquième esprit ou la cinquième essence. Il a son symbole dans l'eau, qui éteint le feu des désirs et qui confère une seconde naissance, la naissance selon l'esprit.

Cependant les êtres ne doivent pas seulement se fondre les uns dans les autres. Leur unification ne peut être une absorption et un anéantissement. Le progrès de la révélation doit rendre perceptible la multiplicité jusque dans cette unité spirituelle et profonde que confère l'amour. Un sixième esprit apparaît donc, qui dégage les éléments de la symphonie divine, et qui les fait entendre dans leur individualité en même temps que dans leur rapport à l'effet d'ensemble. Ce sixième esprit est la *parole* intelligente où le son, grâce auquel les voix cessent d'être des bruits indistincts, mais acquièrent la détermination qui les rend saisissables en elles-mêmes et discernables. Comme l'amour était l'unification du multiple, ainsi la sixième essence est la perception du multiple au sein de l'unité même.

Il ne reste plus, pour achever l'œuvre de la réalisation de Dieu, qu'à rassembler et coordonner toutes les forces qui successivement se sont suscitées les unes les autres. Si le supérieur doit gouverner l'inférieur, il ne doit pas s'y substituer et l'anéantir, car l'inférieur est sa réalité et son existence même ; et, privé de ce soutien, l'élément supérieur se dissipe dans le vide des espaces transcendants. La lumière n'existe que fixée sur l'obscur. C'est pourquoi un septième esprit apparaît qui, gagnant l'inférieur au supérieur par la persuasion, et faisant descendre le supérieur dans l'inférieur par la grâce, appelle la nature entière, grands et petits, premiers et derniers, à la manifestation de la volonté divine. Cette essence est le *corps* ou *l'esprit d'harmonie*. Sous son action s'achève enfin la révélation de l'Éternel. La sagesse n'est plus maintenant une idée. Elle est un royaume d'êtres vivants, elle est le royaume de Dieu ou de la Gloire.

C'est ainsi que Bœhme considère comme une réalité et comme une condition essentielle de la vie divine ce ciel incréé, ce royaume du Père, cette gloire de Dieu, dont l'Écriture parle en tant d'endroits et où l'on ne voit souvent qu'une métaphore. Le lis est vêtu de beauté, et d'une beauté qui surpasse la magnificence de Salomon. L'homme a son vêtement de gloire : c'est sa richesse, sa maison, sa puissance, ses honneurs, tout ce qui manifeste son invisible personnalité. Dieu lui aussi se révèle dans un phénomène, lequel n'a d'autre contenu que lui-même et qui cependant se distingue de lui. La gloire de Dieu est son vêtement, sa forme extérieure, son corps et sa réalité : c'est Dieu vu du dehors.

Décrire l'harmonie et la beauté de ce royaume de la gloire est chose impossible. Ce royaume est tout ce que nous voyons sur la terre, mais dans un état de perfection et de spiritualité où la créature ne peut atteindre. Plus brillantes sont les couleurs, plus savoureux les fruits, plus mélodieux les sons et plus heureuse la vie toute entière. Avec la pureté de l'esprit les êtres divins ont la pleine réalité du corps. Leur vie n'est pas un désir incomplètement satisfait : c'est l'être dans sa plénitude et dans son achèvement. Surtout c'est l'harmonie, conciliée avec le complet et libre épanouissement de tous les individus. Considérez les oiseaux de nos forêts : ils louent Dieu chacun à sa manière, sur tous les tons et dans tous les modes. Voyons nous que Dieu s'offense de cette diversité et fasse taire les voix discordantes ? Toutes les formes de l'être sont précieuses aux yeux de l'être infini ; et si dans notre monde éclate la mansuétude divine, à plus forte raison dans le royaume de la gloire les êtres sont-ils exempts de toute contrainte, puisque tous, dans ce royaume, chacun selon son caractère, non seulement cherchent Dieu, mais le possèdent et le manifestent.

Telle est, dans son achèvement, la nature éternelle, révélation du mystère divin. Elle porte en elle trois principes, qui sont comme les trois raisons ou fondements de détermination issus du rien primordial. Le premier principe est le fonds des trois premières qualités, ou de la nature livrée à elle-même. C'est l'obscur ou le feu latent, qui attend l'étincelle pour se manifester. Bœhme l'appelle d'ordinaire le feu. Le second principe est le fonds des trois dernières qualités, c'est-à-dire de la forme ou expression de la sagesse idéale. C'est le principe de la lumière. Chacun de ces deux principes est éternel, et en un sens ils s'excluent l'un l'autre. Le feu n'admet aucune borne et dévore tout ce qu'on lui oppose. La lumière est l'absolu de la douceur et de la joie, la négation des ténèbres, le terme de toute aspiration. Celui-là est la vie du tout ou de l'infini indéterminé, celle-ci est la vie de Dieu ou de l'un excellent et déterminé. Cependant ni l'un ni l'autre de ces deux principes ne peut se suffire. En vain le feu veut-il être le tout : il n'est qu'une partie. En vain la lumière dédaigne-t-elle les ténèbres : elle ne se réalise qu'en se détachant sur l'obscur. C'est pourquoi un troisième principe est nécessaire, qui unisse le premier au second, de manière à produire l'existence véritable. Ce troisième principe est le corps. Par lui l'esprit s'incarne dans la matière et devient réel et vivant. Cette union du premier principe au deuxième n'est d'ailleurs pas une absorption complète, et les trois principes demeurent irréductibles. En effet l'opération qui range le feu sous les lois de la lumière n'anéantit pas le fondement même du feu. L'infini de la vie subsiste sous la forme de perfection qui la détermine. Le commandement divin ne s'adresse pas à des esclaves : il veut et trouve des êtres libres. Le feu, la lumière, le corps, c'est-à-dire la vie, le bien, et leur union dans un être réel : tels sont les trois principes de la nature divine.

Gardons-nous maintenant d'identifier cette nature avec le vrai Dieu. Si excellente qu'elle soit, la nature divine n'existe ni par elle-même, ni en vue d'elle-même. Elle est la réalisation des perfections que comprenait l'idée de la sagesse. Elle est la vierge éternelle descendue, à la voix de Dieu, des limbes du possible dans le paradis de l'existence actuelle. La nature va maintenant rendre grâces à son auteur en lui communiquant sa vie et son existence corporelle. La vierge éternelle, fécondée par l'esprit, enfante désormais ; et le fruit de ses entrailles est le Dieu personne, c'est-à-dire le Dieu qui non seulement se connaît lui-même et se possède, mais se répand en dehors de soi par l'amour et par l'action. Tandis qu'il plaçait devant lui, comme un miroir de sa volonté infinie, la sagesse éternelle ou idée de la divinité, Dieu ne se posait que comme trinité idéale, comme personnalité possible. En se donnant, dans la nature, un contraire vivant, et en pliant ce contraire aux lois de sa volonté bonne, Dieu s'engage dans une différentiation non plus idéale, mais réelle, et par là conquiert la personnalité effective, celle de la trinité chrétienne. La connaissance de soi ne confère que l'existence pour soi : seule l'action engendre l'existence absolue et achève la personnalité.

Or cette action est triple et pose trois personnes, correspondant aux trois principes de la nature. Dieu est d'abord la volonté qui préside à la vie en général ou au feu éternel. En ce sens il est le Père, la puissance, la justice, la colère divine : il est comme la conscience de l'infinie activité vitale. Mais Dieu ne désire pas la vie pour la vie elle-même. Il veut la vie comme réalisation de l'idée, il veut engendrer la parole vivante. C'est pourquoi le Père donne naissance au Fils, lequel est la conscience du deuxième principe ou de la lumière, et veut la subordination de la vie au bien qui en est la raison d'être. Par le Fils, Dieu d'amour et de miséricorde, le feu de la colère est éternellement apaisé. Aussi le Fils est-il plus grand que le Père. Cependant l'existence de la volonté bonne en face de l'universelle volonté de vivre ne suffit pas à réaliser le bien : il faut que ces deux volontés se rapprochent et se concilient, et c'est ce qui a lieu dans une troisième conscience et une troisième personne, d'où découle le troisième principe, et qu'on appelle le Saint-Esprit.

Ainsi, en même temps qu'il forme la nature éternelle et grâce à l'activité même qu'il déploie en la formant, Dieu se pose véritablement comme Père, Fils et Esprit, sans abdiquer pour cela son unité. Par cela même que les trois réalisations de Dieu sont bien des personnes et nullement des choses, elles ne sont pas soumises à cette loi de l'espace et du temps, qui veut que l'unité soit incompatible avec la multiplicité. La personnalité admet la pénétration mutuelle; bien plus, elle la suppose. Ce n'est que dans son union avec d'autres personnes qu'un être personnel peut se poser comme tel. En tant qu'un être se conçoit comme extérieur à d'autres êtres, il se pose dans l'espace et s'attribue l'individualité, cette ennemie de la personnalité véritable. L'égoïsme est la base de l'individualité : c'est le don de soi-même qui fait la personne.

La *génération de Dieu* est maintenant accomplie: Dieu est la personnalité parfaite réalisée dans trois personnes dont chacune est à la fois la partie et le tout. Ces trois personnes sont le Père ou conscience de la force, le Fils ou conscience du bien, et l'Esprit ou conscience de l'accord qui s'établit en Dieu entre la force et le bien. Et en face de Dieu, comme son œuvre et sa gloire, se déploie la nature éternelle, où sont réalisés tous les possibles dans la mesure où ils expriment la perfection divine.

Telle est la doctrine de Bœhme sur la naissance de Dieu. A travers les symboles théologiques et alchimiques dont elle s'enveloppe pour se manifester, n'est-il pas visible qu'elle a une signification et une portée philosophiques? L'idée maîtresse de cette doctrine, c'est que la personne est l'être parfait et doit exister, et que, par suite, toutes les conditions de l'existence de la personne doivent elles-mêmes être réalisées. De ce principe tout le reste découle. Personnalité, dit Bœhme, suppose pensée et action ; et pour penser et agir il faut être en rapport avec quelque chose d'opposé à soi. A la pensée il faut un objet qu'elle considère et qu'elle s'assimile ; à l'action il faut une matière qu'elle dompte et spiritualise. Cette loi est universelle, et la personnalité absolue elle-même ne saurait s'y soustraire sans contradiction. D'autre part, l'être absolu doit être cause de soi et ne dépendre de rien d'étranger à soi. L'Être absolu doit donc, s'il veut être personne, tirer de soi un objet opposé à lui-même, auquel s'applique son intelligence et que modifie son activité. Il faut que la divinité une et infinie se transforme d'elle-même en une dualité, dont l'un des deux termes sera le Dieu véritable, l'autre la nature dont ce Dieu a besoin. Ainsi conçu comme sujet et agent en face d'un objet et d'une matière issus de son propre fond, Dieu a une tâche à remplir, à savoir la résolution de l'antinomie qu'il a créée en lui-même; et par l'accomplissement de cette tâche il se réalise en tant que personne. Son action, sa pensée, sa vie et son existence sont dès lors autre chose que l'ombre de la vie et de l'activité humaine : ce sont les types parfaits dont l'existence des créatures ne nous offre que de pâles images.

Qu'est-ce que maintenant que ce système, où Dieu s'engendre lui-même en posant et surmontant son contraire ? N'est-ce pas cette antique doctrine de la nuit comme premier principe, que déjà Aristote condamnait chez ses devanciers ? Le premier être, disait Aristote, n'est pas l'imparfait, mais le parfait : dans l'ordre des phénomènes, le parfait est postérieur à l'imparfait; mais dans l'ordre de l'être, c'est le parfait qui est le premier et l'absolu. La doctrine de Bœhme, jugée de ce point de vue, semble n'être qu'un anthropomorphisme ou un naturalisme. Il a observé, peut-on dire, que chez l'homme l'indétermination précède la détermination, que la lutte est la condition de la vie et du progrès, qu'une image est nécessaire à l'entendement et une matière à la volonté, que l'action de nos facultés consiste à s'assimiler des objets extérieurs; et il a transporté à Dieu cette condition de l'existence humaine.

Lors même que ce jugement serait fondé, on ne saurait en faire une condamnation pure et simple. Le système de Bœhme ne s'appliquât-il en réalité qu'aux êtres finis, il ne serait pas pour cela sans importance. Il faut pardonner au théosophe de nous renseigner imparfaitement sur l'histoire de la trinité divine, si, croyant nous parler de Dieu, il nous parle de nous-mêmes et nous en parle exactement. Ce grand principe, que la volonté est la base de la vie et de l'existence, et que la vie, à son tour, a, dans la liberté, sa fin et sa raison d'être, ne perdra rien de son intérêt pour ne concerner que le monde créé, au lieu de s'appliquer également au Créateur. Il est certain que ce système, dont la richesse est confusion, et dont l'éclat est fulguration aveuglante, recèle mainte observation modeste et fine de psychologue, mainte réflexion sensée et pratique de moraliste. Bœhme nous l'a dit : c'est au fond de sa conscience qu'il cherche la divinité; c'est parce que Dieu s'engendre en l'homme que l'homme peut connaître la génération divine. Quoi d'étonnant si sa connaissance de Dieu est surtout une connaissance de nous-mêmes?

Il ne s'ensuit pas d'ailleurs que Bœhme soit un pur naturaliste. Sans nous complaire avec lui dans des spéculations sans contrôle possible sur la naissance et le développement de Dieu, nous pouvons du moins remarquer la différence qui existe entre sa doctrine et celle que repousse Aristote. Selon l'antique philosophie du chaos et de l'infini, la génération du parfait par l'imparfait était l'absolue réalité des choses. Pour Bœhme il n'y a pas en Dieu, en réalité, un avant et un après. C'est notre condition d'être finis, appartenant à la nature, qui nous oblige à considérer Dieu au point de vue de la nature et à nous représenter sa vie comme un progrès. Mais ce n'est pas tout. Le chaos des anciens était une nature donnée, une chose, la plus confuse et indéterminée qui se pût concevoir; et c'était de cette chose que, par un développement nécessaire, on faisait sortir l'être déterminé et parfait. Le point de vue des anciens était objectif. A la chose entièrement indéterminée, Aristote oppose, sous le nom d'acte pur, la chose entièrement déterminée, tandis que le *néo-platonisme*, revenant à l'idée de progrès, pose comme premier être une unité qui, supérieure ou inférieure à l'intelligence et à la vie, innommable et inintelligible, paraît bien n'être encore que la chose, dépouillée, par le dernier effort de l'abstraction, de la dernière de ses qualités. Tout autre est le principe de notre mystique théosophe. Chrétien et spiritualiste, c'est à la personnalité sous sa forme la plus parfaite qu'il assigne le premier rang. Et du point de vue où il est placé, l'indétermination, l'infini, le rien ont un sens tout autre que dans la philosophie antique. Le rien n'est plus le manque de qualité et de perfection d'une chose qui ne peut exister que si elle est déterminée ; c'est l'infinie fécondité d'un esprit qui est par sa puissance même et que n'épuise aucune de ses productions. Négatif au point de vue externe de l'objectivité, le principe de Bœhme est au contraire absolument positif au point de vue intérieur de la vie et de la génération. En lui-même, ce principe n'est pas l'imparfait, mais le parfait ; et le progrès qu'admet Bœhme, en un sens d'ailleurs relatif à l'esprit humain, est un progrès dans la manifestation, non dans la perfection intrinsèque de Dieu. Le système du monde métaphysique a été retourné : ce n'est plus l'intelligence qui est suspendue à l'intelligible, c'est l'intelligible qui est suspendu à l'intelligence. Ce n'est plus le sujet qui tient de l'objet son existence, c'est l'objet qui existe par le sujet. Si cette substitution s'est produite, c'est que l'homme a découvert, dans ce qui fait le fond du sujet, dans l'esprit et la volonté, un je ne sais quoi d'irréductible, qu'il a jugé plus réel dans son indétermination et son néant que toutes les réalités tangibles de la substance donnée. La marche de Bœhme n'est donc nullement celle des Pythagoriciens ni même des néo-platoniciens. Le progrès qui va de la volonté à ses opérations ne peut être assimilé au progrès qui va de la chose indéterminée à la chose déterminée. La théologie de Bœhme n'est pas un monisme évolutionniste.

Mais n'est-ce pas en revanche un système dualiste ; et ne paraît-il pas que Bœhme n'évite un écueil que pour se heurter à l'écueil contraire ? Comment Bœhme maintient-il la perfection du principe divin, sinon en posant hors de Dieu, comme sujet du mal, un principe ennemi et coéternel ! Et de ce principe Dieu même est solidaire. « *Per crucem ad lucem* » : c'est la loi divine comme la loi humaine. Point de lumières sans ténèbres, point d'action sans matière, point de sujet sans objet, point de Dieu sans nature.

Cette coexistence universelle et nécessaire de deux principes, l'un positif, l'autre négatif, n'est-elle pas justement ce qu'on appelle dualisme? — Il est certes incontestable que Bœhme voit dans la matière la condition de la manifestation de l'esprit : c'est même là une pièce essentielle de son système. Mais Bœhme n'entend pas pour cela être dualiste. C'est à ses yeux une monstruosité que de faire du mal l'égal du bien, et de la nature l'égale de Dieu. Le principe négatif n'existe pas par soi, mais seulement par l'action du principe positif, qui le suscite pour s'y manifester. Dieu seul est souverain ; et c'est le mouvement interne de la volonté divine qui pose en dehors de Dieu la matière, comme condition de ce mouvement même. La matière est l'aspect extérieur, le phénomène de l'action invisible de l'esprit. Elle fixe dans des formes mortes le jaillissement continu de la lumière vivante. Dépendante de l'esprit quant à son origine, la nature lui est soumise quant à sa destination. Elle a pour fin de lui fournir, en le manifestant, l'objet dont il a besoin pour se saisir et se personnifier. Elle ne résiste à l'esprit que pour lui offrir l'occasion de déployer ses forces : son instinct est une intelligence qui s'ignore, sa passion un désir inconscient de la liberté. Loin donc que la nature soit l'égale de Dieu, c'est à l'appel de Dieu qu'elle commence d'exister ; et le terme de son développement est son exacte adaptation à la volonté de l'esprit.

La théologie de Bœhme côtoie ainsi le dualisme comme elle a côtoyé l'évolutionnisme, sans s'y heurter et sans y échouer. C'est qu'au fond Bœhme se propose de trouver un moyen terme entre ces deux doctrines. Selon lui, les anciens mystiques ont eu tort de proscrire tout dualisme. Ils n'ont pu, pour cette raison, réaliser la philosophie de la personnalité qu'ils avaient conçue. Leur Dieu manque des conditions de l'existence réelle, et ne dépasse pas l'existence idéale. Ce n'est qu'en empruntant au dualisme l'idée d'une existence éternelle de la matière comme contraire de l'esprit, et en donnant cette matière pour corps à l'esprit divin, que l'on peut concevoir la personnalité divine comme réellement existante. Mais, d'autre part, le Dieu personne doit demeurer l'être infini en dehors duquel rien n'existe par soi. Le dualisme répugne à la pensée religieuse, qui veut que Dieu ne soit pas seulement une forme et un idéal, mais l'être tout-puissant et indépendant. Il faut donc que la matière ne soit pas un premier être au même titre que Dieu, mais que son existence résulte d'une opération de la puissance divine. Comment la matière pourra-t-elle sortir de Dieu et être en même temps le contraire de Dieu ? Bœhme résout la difficulté en disant que Dieu, pour se révéler, s'objective et se réalise lui-même, et que cet objet et cette réalité extérieure, quoique posée par Dieu, ne se confond pas avec lui, parce que la volonté qui est le fond de son être est infinie et ne peut se perdre dans ses efforts. Ainsi Dieu lui-même a une nature ou un corps qui n'est pas lui et qui forme son existence réelle, mais ce corps est posé par Dieu et n'est autre que sa volonté même, vue du dehors. Dans ce phénomène de Dieu le mystère éternel se révèle, sans que jamais la révélation dissipe le mystère. La nature est de l'essence de Dieu, mais Dieu est indépendant de la nature. Ce système est une sorte de spiritualisme concret ou naturaliste.

IV

La connaissance de la genèse divine est la première qui nous soit nécessaire pour arriver à posséder Dieu. Mais elle ne suffit pas. Ce fut l'erreur des mystiques de croire que toute science était comprise dans la science de Dieu. La nature et l'homme ne s'expliquent pas par une simple diminution de l'essence parfaite. Il y a dans les créatures quelque chose qui leur est propre, qui les distingue de Dieu, et qui même leur permet de se révolter contre lui.

Le mal, œuvre des créatures, n'est pas un non-être : c'est un être qui dit non ; c'est la haine qui veut détruire l'amour, la violence qui veut briser la loi. Il y a donc une science de la nature, distincte de la science de Dieu. La difficulté est de rendre compte de cette distinction, tout en maintenant le rapport de dépendance qui doit relier toute science à la science de l'être absolu.

Le premier problème que soulève l'existence de la nature est celui de la création. Bœhme ne saurait adopter à cet égard la doctrine appelée communément théisme. Selon cette doctrine, Dieu tirerait le monde du rien absolu, c'est-à-dire le créerait par sa seule volonté infinie, sans y employer aucune matière soit sensible, soit suprasensible. Mais un tel monde serait sans réalité véritable, parce que la réalité n'en serait pas fondée en Dieu. Ce serait un monde purement possible et idéal comme le principe même auquel il devrait sa naissance. L'intelligence sans matière ne crée que des idées. Dès lors point de personnalité véritable dans les créatures. Si les uns sont bons et les autres mauvais, si les uns sont destinés à la félicité et les autres voués à la damnation, ce n'est pas parce qu'il y a dans les âmes des créatures des énergies vivantes et opposées : c'est parce qu'ainsi l'a voulu le Dieu transcendant aux volontés arbitraires. Idéalisme et fatalisme, telles sont les conséquences de la doctrine théiste.

Mais si Bœhme écarte le théisme, ne sera-ce pas pour tomber dans le panthéisme ? Nous savons qu'il reconnaît en Dieu l'existence d'une nature. Ne sera-ce pas cette nature qui constituera le fond de la nature visible ? Celle-ci peut-elle être autre chose qu'un développement de celle-là ; et n'est-il pas vrai de dire, avec les panthéistes, que le monde est, sinon Dieu même, du moins le corps et la manifestation de Dieu ? Une telle interprétation irait, à coup sûr, contre le dessein de Bœhme, lequel se garde du panthéisme plus énergiquement encore que du théisme. Certes, dit-il, en un sens Dieu est tout : ciel et terre, esprit et monde, car tout a sa source en lui. Mais que devient son immensité adorable, si le monde est la mesure de sa perfection? Sans doute il a tiré le monde de sa force et de sa sagesse: mais il ne l'a pas formé afin de devenir lui-même plus parfait. Sa perfection est complète indépendamment de toute création. Dieu a formé le monde pour se manifester d'une manière sensible. Que les sophistes ne viennent pas me dire que, par ma doctrine de la nature divine, je confonds Dieu avec le monde. Je ne confonds pas la nature extérieure avec la nature intérieure. Celle-ci est vraiment vivante, et est parfaite. L'autre n'a qu'une vie dérivée et demeure imparfaite. Non, le monde extérieur n'est pas Dieu, et ne saurait sans blasphème être appelé Dieu. Dire que Dieu est tout, que Dieu est lui-même le ciel et la terre et le monde extérieur, c'est parler comme un païen, c'est professer la religion du diable.

Le problème est donc, pour Bœhme, de dériver la matière de l'esprit en évitant le théisme, et de fonder la nature sensible sur la nature divine sans tomber dans le panthéisme. Comment Bœhme résout-il ce problème?

Tandis que la naissance de Dieu était une pure génération, c'est-à-dire une production magique accomplie par l'esprit au moyen de ses deux puissances à la fois homogènes et contraires, sans matière préexistante, la naissance du monde est une création, ou production accomplie par un agent spirituel au moyen d'une matière. L'agent spirituel, c'est le Dieu un en trois personnes. La matière, c'est la nature éternelle. Ni l'un ni l'autre de ces deux principes n'est le monde ni ne le contient. Le Dieu personne, comme tel, est un pur esprit. La nature éternelle est une harmonie parfaite où les êtres, quoique distincts, se pénètrent les uns les autres : c'est une multiplicité dont chaque partie, à sa manière, exprime l'unité du tout. Ces perfections distinguent radicalement Dieu et la nature divine du monde sensible et créé qui, d'une part, est matériel, et qui, d'autre part, se compose de parties et de fragments extérieurs les uns aux autres. Mais si le Dieu personne et la nature éternelle ne sont pas le monde, ils en renferment les éléments; et le monde a sa noblesse et sa réalité en tant qu'il y a en lui quelque chose des perfections divines. Et d'abord Dieu, voyant de toute éternité dans la sagesse les idées des choses et trouvant dans la nature les forces nécessaires pour réaliser ces idées, a formé le dessein de créer le monde, c'est-à-dire de faire exister d'une manière corporelle ce qui existait en lui d'une manière essentielle, ou encore de faire paraître séparé ce qui, en lui, était ensemble. Il a formé ce dessein par pur amour, sans y être contraint ou obligé en aucune façon. Il n'y a point de raison de la création. Le pourquoi en est mystère et ne comporte aucune révélation. Si la création avait son origine première dans le Dieu manifesté et non dans l'abime primordial, elle s'expliquerait, elle serait nécessaire et s'imposerait à Dieu. Mais Dieu veut des enfants et non des maîtres. Si le monde est suspendu à Dieu, Dieu n'a nul besoin du monde.

Le monde n'a pas été fait de quelque chose, à savoir d'une matière brute, contraire absolu de la personne. Mais il a été fait de la nature divine, en ce sens que les sept esprits qui composent cette nature ont réalisé sous forme de corps les idées contenues dans la sagesse. Les productions de ces esprits dans le monde de la gloire étaient des figures aux contours flottants, toutes pénétrées de vie et de spiritualité; c'était l'infini visible dans le fini. Les mêmes esprits fixent maintenant l'idée dans une matière dure et compacte, qui dissimule l'infini qu'elle réalise. Dans le monde de la gloire il y a équilibre du réel et de l'idéal : dans le monde créé le réel domine.

Telle est la part du Dieu personne et telle est la part de la nature divine dans la création. Mais un troisième ouvrier intervient pour réaliser le monde, et cet ouvrier est la créature elle-même. Comme dans le travail de l'artiste l'œuvre elle-même, qui veut être, seconde par sa vie propre les efforts de la volonté et de l'intelligence, ainsi la créature, à peine amenée au seuil de l'existence par l'union de l'esprit et la nature incréée, fait effort pour franchir ce seuil et se déployer en pleine lumière. Tout esprit est une âme qui désire un corps. Or la parole créatrice a eu cet effet de rompre le lien qui maintenait les forces spirituelles dans l'union et l'harmonie. Chacune d'elles, dès lors, veut exister pour elle-même et se manifester suivant sa tendance propre.

Qu'est-ce donc que la création? C'est l'introduction de l'espace et du temps dans le monde des volontés particulières. Au sein de l'éternité les volontés, individuelles en elles-mêmes, étaient universelles dans leur objet. Réalisées dans des corps séparés les uns des autres par le temps et l'espace, les volontés sont, par là même, détachées du tout et repliées sur elles-mêmes. L'espace et le temps sont ainsi le fondement spécial de la réalité du monde sensible. Il n'y a rien là qui ne vienne de Dieu; mais rien de ce qui était en Dieu ne pouvait, par un simple développement, produire cette forme d'existence : c'est par un acte libre et original, par une création véritable que Dieu fait apparaître le monde de la discontinuité et de l'extériorité.

Dieu, par là-même, ne s'abîme point dans sa création, pas plus que l'intelligence de l'homme ne s'épuise en se manifestant. La volonté divine est ténue comme un rien. Nul être massif et donné ne peut l'enfermer en soi et l'immobiliser. Le monde, d'ailleurs, ne sort pas de Dieu même, mais de sa gloire, c'est-à-dire de sa forme extérieure. Et cette gloire elle-même, périphérie de la divinité, demeure après la création ce qu'elle était avant. Car si le moins est contenu dans le plus, le plus n'est pas contenu dans le moins, à plus forte raison l'autre n'est pas contenu dans l'autre. Ni comme sujet, ni comme objet, la divinité ne s'absorbe dans sa manifestation sensible. La création n'est point une transformation de force.

C'est ainsi que Dieu crée à la fois de rien et d'une matière. Le Dieu personne crée avec la nature divine comme matière ; mais la personnalité et la nature divines ont l'une et l'autre leur racine dans le rien primordial, dans le mystère de la volonté infinie.

Qu'est-ce maintenant que Dieu crée, et quelles sont les parties essentielles du système du monde ? Le modèle et les instruments de la création se trouvent, sous la forme de l'éternité, dans la sagesse et dans la nature divines. La création sera la réalisation de cette sagesse et de cette nature sous la forme du temps et de la séparation. Il y a ainsi une relation des choses créées aux choses éternelles, et l'on peut dans une certaine mesure, en se plaçant au point de vue de Dieu, déduire de celles-ci la connaissance de celles-là. Cette déduction est ce qu'on appelle la philosophie de la nature, spéculation qui devait par la suite prendre un si grand développement en Allemagne, et dont nous trouvons des rudiments dans la théosophie de Bœhme.

La construction du monde extérieur se fait d'une manière analogue à la construction du monde intérieur et divin. Dans les corps sensibles comme dans la nature éternelle, c'est la personnalité qui cherche une manifestation : la seule différence c'est que cette manifestation, qui s'accomplit pleinement dans la nature éternelle, demeure nécessairement incomplète dans la nature sensible. Il y aura donc dans le monde trois principes, correspondant aux trois principes divins : le feu, la lumière, et le troisième principe ou réunion des deux premiers dans la corporéité. Du premier et du second, sans faire appel au troisième, Dieu forme les anges, lesquels sont encore aussi voisins de la perfection divine que le comporte la condition d'être créé. Les anges sont de purs esprits.

Mais ils n'existent pas par eux-mêmes, et leur corps, quoique spirituel, est plus dur et plus compact que le corps glorieux de la divinité. Les anges ne sont point encore placés dans le temps : ils jouissent d'une éternité dérivée qui est intermédiaire entre l'éternité absolue et la succession de parties indépendantes les unes des autres. En même temps que des deux premiers principes Dieu a formé les anges, il a, du troisième, formé une nature terrestre, plus concrète et matérielle que la nature divine, mais encore soumise à l'esprit et relativement harmonieuse. Cette nature est gouvernée par les anges. Tous ces êtres ont été créés pour qu'en se réfléchissant sur des surfaces plus dures la lumière divine parût plus brillante, pour que le son résonnât plus clair, pour que le royaume de la joie s'étendît en dehors du cercle de la gloire divine. Non que la manifestation de Dieu en devienne plus parfaite, car c'est au prix d'une diminution de l'harmonie que telle ou telle qualité devient ainsi plus vive. Mais il convenait à la puissance et à l'amour infinis de réaliser les possibles qui, sans trouver place dans la nature divine, présentaient encore de la perfection.

Pour accomplir leur destinée, les anges doivent aller du Père au Fils, de la colère à l'amour, à l'exemple de Dieu lui-même. Ils ont d'ailleurs été créés libres. Ils se déterminent comme Dieu sans contrainte extérieure. Ils sont maîtres de leurs résolutions. Or, tandis qu'une partie des anges a conformé son libre arbitre à la volonté divine, une autre s'est révoltée contre Dieu. Lucifer est le chef de ces anges rebelles et le premier auteur du mal : il a péché librement, d'après sa volonté propre et sans contrainte. Le péché s'est réalisé de la manière suivante. Composé de nature et d'esprit, Lucifer a, par sa libre volonté, fixé son imagination sur la nature ; sous le regard de cette magicienne, la nature s'est transfigurée ; d'obscure elle est devenue brillante ; défectueuse, elle s'est parée de toutes les perfections ; partie, elle s'est enflée jusqu'à apparaître comme le tout. De cette idole l'âme de l'ange s'est éprise, et elle l'a désirée exclusivement. Par là même elle a renié Dieu et s'est séparée de lui. L'enfer alors a été créé. Lucifer a obtenu ce qu'il voulait : la séparation ; il a obtenu ce résultat, non par l'intervention transcendante de Dieu, mais par l'effet immédiat de la colère ou de la nature à laquelle il s'était voué. L'enfer, c'est le principe des ténèbres, la nature, la force, la vie pure et simple, livrée à elle-même, opposée dès lors contradictoirement à l'amour et à la lumière, et privée par là de toute direction, de tout gouvernement, de toute harmonie. L'enfer est la vie qui n'a d'autre fin que de vivre. Grâce à Lucifer, la voilà déchaînée. Ce n'est pas tout. Lucifer a été créé éternel. Le désir de la vie et le désir du bien que Dieu avait mis en lui n'avaient point pour support commun un corps sensible soumis à la succession et, par suite, capable de rompre avec ses habitudes. Le libre arbitre d'un pur esprit s'épuise dans un acte unique. La faute de Lucifer est donc irrémédiable. Nulle conversion n'est pour lui possible, car il n'est plus que feu et colère, et la lumière n'a plus de prise sur lui. L'enfer qu'il a créé est éternel comme sa volonté même.

Cependant la nature terrestre que gouvernent les anges subit le contre-coup de leur faute. La confusion s'y introduit. L'amour en étant exilé, le lien qui retenait les forces se brise, et chacune d'elles s'échappe suivant son caprice. Ce n'est plus l'unité personnelle où les parties sont les organes d'un tout, c'est la multiplicité individuelle où chaque partie se considère comme le tout à l'exclusion des autres.

Telle est maintenant la nature : la terre est informe et nue, les ténèbres couvrent la face de l'abîme. Mais l'esprit de Dieu flotte sur son œuvre bouleversée, et le Père résout d'accomplir une création nouvelle en retirant la nature de la nuit où elle est tombée. Cette création est celle qu'a racontée Moïse. Dieu dit : Que la lumière soit ! et la lumière se sépara d'avec les ténèbres. En sept jours, conformément au nombre des esprits divins, Dieu rétablit la nature dans son harmonie. Il ne détruisit pas purement et simplement l'œuvre de Lucifer. Il donna à la nature une arme contre le mal et un instrument de régénération, à savoir le temps. Grâce à la succession, concevoir n'est plus agir, et la volonté peut s'arrêter au bord du précipice. Même accompli, l'acte n'épuise plus l'activité. Ni les bons ne sont désormais confirmés dans le bien, ni les mauvais dans le mal. Au temps est lié l'espace qui rend les individus relativement indépendants les uns des autres. Et la vie dans l'espace et dans le temps a pour sujet la matière sensible ou matière proprement dite.

Le terme et la perfection de la création est l'homme, concentration harmonieuse et excellente des trois principes. Il y a en effet trois parties dans l'homme : l'âme ou puissance infinie du bien et du mal, l'esprit, ou intelligence et volonté droite, et le corps, ou réalité concrète. De ces trois parties, la première répond au principe de feu, la deuxième au principe de lumière, la troisième au principe d'essence ou de réalité. Les trois principes sont manifestés dans l'homme avec toute la perfection que comporte l'existence dans l'espace et le temps. Le devoir de l'homme est de subordonner en soi le premier et le troisième principe au second, c'est-à-dire la volonté et l'action à la loi du bien ; et sa fin est d'engendrer le roi de la nature que Dieu a résolu de susciter pour détrôner Lucifer. Comme Dieu le Père veut éternellement engendrer son cœur et son fils, ainsi l'âme doit fixer sa volonté dans le cœur de Dieu. Adam doit être la semence du Christ. La tâche dévolue à l'homme n'est d'ailleurs point purement spirituelle. Le paradis où il est placé et qu'il doit faire fleurir est une nature sensible. C'est en travaillant à tirer de cette nature et produire au grand jour tous les trésors qu'elle renferme, que l'homme prépare l'avènement du Fils. Le monde qui se développe dans l'espace et dans le temps se compose d'individus séparés les uns des autres : il s'agit d'unir ces individus dans un commun hommage rendu à l'Éternel, et, sans effacer leurs caractères propres, de les élever au partage de l'absolue personnalité.

Cette destinée est prescrite à l'homme, mais ne lui est pas imposée. Sa volonté est libre. Il y a en lui feu et lumière, violence et douceur, égoïsme et abnégation ; il y a, de plus, comme un effet de sa nature terrestre, une volonté temporelle, placée entre ces deux principes et capable de se tourner vers l'un ou vers l'autre. L'homme possède donc toutes les conditions de la liberté, et il peut, selon qu'il lui plaît, s'abîmer en soi ou se trouver effectivement en renonçant à soi.

De ce pouvoir comment a-t-il usé ? C'est là une question de fait, à laquelle répondent la tradition et l'expérience. Or nous savons que l'homme, à l'exemple de Lucifer, a désobéi à Dieu et est déchu de sa noblesse primitive. La faute, selon le récit mosaïque interprété à la lumière de l'esprit, s'est accomplie de la manière suivante. Lâchant la bride à son imagination, l'homme s'est mis à contempler et admirer la nature, de préférence à Dieu. Peu à peu il a paré son idole de toutes les perfections dont il avait l'idée : il en a fait le tout et la divinité. Alors il s'en est épris et il a brûlé de l'engendrer telle qu'il la voyait dans son imagination. Oublieux des droits de l'esprit, il a voulu que la nature fût, sans entraves, tout ce qu'elle pouvait être. Bientôt l'idée, selon la loi de l'être, d'image et de désir est devenue corps ; la nature a proclamé son autonomie, et l'homme est tombé sous l'empire de ces forces violentes et égoïstes qu'il avait déchaînées. Telle est l'histoire abrégée de la faute. Mais le texte sacré nous permet d'en distinguer les phases et d'en marquer le progrès.

Le point de départ fut le désir de connaître les choses,

non plus dans leur union et leur harmonie, telles que Dieu les a faites, mais en les séparant, en les analysant, en leur prêtant une individualité factice. L'homme voulut savoir ce qu'étaient en soi le chaud et le froid, l'humide et le sec, le dur et le doux et les autres qualités, prises chacune isolément. De la vie, qui organise, il voulut chercher le secret dans la mort, qui fige et disperse. Le fruit divin, la connaissance concrète, n'eut plus pour lui de saveur et d'attrait : il voulut goûter à la connaissance abstraite et morcelée, au fruit de la nature terrestre. Alors, la nature répondit à son désir en objectivant ce désir même sous la forme de l'arbre de la science du bien et du mal. Cet arbre de tentation n'est autre que la réalisation sensible de la volonté de connaître le bien et le mal séparément, en tant qu'opposés et contradictoires. Grâce à lui, l'homme voit devant soi le bien et le mal comme deux choses extérieures l'une à l'autre, selon la condition des objets situés dans l'espace : et il peut embrasser celui-ci à l'exclusion de celui-là. Le fait d'avoir suscité l'arbre de la science analytique est le premier péché, celui de l'entendement. C'est une pente dangereuse, car voici que l'homme conçoit maintenant le mal et, par suite, est susceptible de le vouloir, mais ce n'est pas encore la chute puisque l'homme possède la faculté de choisir entre le bien et le mal.

Cependant, à la première tentation en succède une seconde. Jusqu'ici Adam avait pour compagne la vierge éternelle ; jusqu'ici l'image de Dieu ou l'idéal était l'objet de la pensée. S'étant mis à considérer les choses du point de vue de l'analyse, sous leur forme terrestre, il s'éprit du monde de forces et d'instincts qui dès lors s'offrit à son regard. Il voulut vivre de la vie animale, et se reproduire à la manière des bêtes. Devant la passion qui s'allumait en lui, l'image de Dieu s'effaça, la vierge s'envola. Alors Adam s'endormit : car il n'en est pas de l'image du monde comme de l'image de Dieu. L'image de Dieu, qui ne dort pas, tient constamment en éveil l'esprit qui la contemple. Mais l'image du monde, qui est sujette à la succession, fatigue la vue et engendre le sommeil. Un changement de condition se produisit alors. L'homme s'était endormi dans le monde des anges et de l'éternité : il se réveilla dans le temps et dans le monde extérieur. Et il vit devant lui, sous la forme d'une femme créée par Dieu pendant son sommeil, l'objectivation humaine de son désir terrestre. Comprenant que la femme venait de lui, l'homme chercha à se réunir à elle, et à s'y réunir selon le corps. C'est le second péché, celui de la sensibilité. L'homme a fait un pas de plus vers la perdition. Il n'est pas déchu cependant, car les désirs de la chair eux-mêmes n'ôtent pas à l'homme la possession de soi, et sa volonté lui reste.

La chute que n'a réalisée ni la perversion de l'intelligence ni celle de la sensibilité, sera consommée par la perversion de la volonté. Le diable souffla à l'homme le désir de vivre de sa volonté propre, de se suffire, de se faire Dieu. L'homme consentit à la tentation, et, par la désobéissance, se posa en face de Dieu comme son égal. Dès lors il ne fut plus seulement incliné vers le mal, il s'y précipita. Il devint ce qu'il avait voulu, en un sens contraire à celui qu'il avait imaginé. Il devint dieu, non le dieu d'amour, de lumière et de vie qui seul est le vrai Dieu, mais le dieu de la colère, des ténèbres et de la mort, qui n'est que la personnification sacrilège et diabolique du fond mystérieux de la divinité.

L'homme alors fut maudit, ou plutôt il se déclara lui-même l'enfant du diable. Sa volonté mauvaise, d'elle-même, le détacha de Dieu et le voua à la colère. Par suite de cette malédiction, le monde, dont l'homme était le résumé et le moteur, passa de l'état d'harmonie à l'état de dispersion individuelle. Chaque être prétendit y vivre pour soi et s'y développer sans souci des autres. La lutte pour la vie en devint la seule loi.

L'homme, toutefois, ne fut pas condamné par Dieu à tout jamais, comme l'avait été Lucifer ; car les conditions de la faute étaient différentes. Le diable était, lui seul, la cause totale du péché qu'il avait commis. Avant lui, en effet, le mal n'existait pas ; mais seulement la possibilité du mal. Lucifer avait, de cette possibilité, formé le mal dans tout ce qu'il renferme, dans sa matière ainsi que dans sa forme : il était l'auteur des motifs qui l'avaient tenté, comme de la détermination qu'il avait prise d'après ces motifs. Tout autre était la situation de l'homme. Avant lui le mal existait déjà comme réalité donnée, et, avec le mal, la pente vers des fautes nouvelles. C'est sur la sollicitation de Satan que l'homme a péché. Si la décision qu'il a prise lui appartient, les motifs de cette décision ne sont pas son œuvre. Ils étaient en lui comme des instincts, comme une nature préexistante. L'homme ainsi est responsable de sa seule détermination, non des motifs auxquels il a cédé. C'est pourquoi la faute d'Adam, qui certes serait mortelle si l'homme était abandonné à lui-même, n'est pas irrémédiable. Il est possible, sinon à la justice, du moins à la miséricorde divine d'opposer, au sein de l'âme humaine, aux sollicitations mauvaises la tendance vers le bien, et de donner à la volonté de l'homme, laquelle est temporelle, la faculté de revenir sur sa résolution. Dieu, maintenant, va-t-il venir en aide à l'homme révolté contre lui ? Enverra-t-il à l'homme un rédempteur et un sauveur ? C'est ce que nulle nécessité ne commande ni n'exclut, et ce qui se décidera dans les profondeurs mystérieuses de la volonté infinie.

V

Dieu, qui déjà avait restauré l'harmonie du monde troublée par Lucifer, résolut d'appeler l'homme à la régénération. Le bien et le mal étaient maintenant en présence l'un de l'autre, non seulement dans l'éternité, mais dans le temps : Dieu décida de provoquer, dans la mesure où elle était possible, la réconciliation de ces deux principes. Selon les décrets divins antérieurs à la faute de l'homme, le Fils devait naître un jour sous la forme humaine, afin que la parole fut manifestée dans le temps. L'homme s'étant livré au diable et à la colère, Dieu décréta que la venue du Christ serait, non seulement celle d'un consommateur de la perfection humaine, mais encore celle d'un rédempteur et d'un sauveur. Il prépara cette venue par la suite des événements racontés dans l'Ancien Testament, et il donna enfin son fils au monde pour y être couronné d'épines et crucifié. *Per crucem ad lucem !* Le Christ est une créature humaine, et il est le Fils de la Vierge éternelle. En lui la mort est vaincue. Qui souffre avec lui, avec lui est glorifié.

Mais il nous faut examiner de plus près comment se réalise par Jésus-Christ le salut de l'homme.

Quand la raison entend parler de Dieu, de sa nature et de sa volonté, elle s'imagine que Dieu est quelque chose d'éloigné et d'étranger, qui habite en dehors de ce monde au-dessus des étoiles, et qui ordonne les choses mécaniquement, à la manière d'une force située dans l'espace. Dès lors la raison, assimilant Dieu aux créatures, lui prête un mode de pensée et d'action analogue à celui de l'homme. Elle croit que Dieu, avant la création, a délibéré en lui-même pour savoir quelle place il assignerait à chaque créature. Et elle suppose que Dieu a décidé d'appeler une partie des hommes à la joie céleste pour manifester sa grâce, et de vouer l'autre partie à la damnation pour manifester sa colère. Dieu aurait ainsi fait de toute éternité une différence entre les hommes pour déployer sa puissance dans le sens de la colère comme dans le sens de l'amour. Il y a certes une élection de la grâce, mais elle ne saurait se produire de la manière que la raison imagine. Si Dieu délibérait et se décidait comme nous, s'il gouvernait les choses du dehors, il serait divisé avec lui-même, il changerait, il ne serait pas éternel. Comment d'ailleurs Dieu pourrait-il vouloir damner une partie de ses créatures ? Dieu est amour et veut le bien de tous les êtres. L'élection et la damnation ne sont pas le fait d'une volonté extérieure à l'homme. L'homme est libre, absolument libre ; car la racine de son être plonge dans le fond éternel et infini des choses. La volonté humaine n'a rien derrière elle qui puisse la contraindre. Elle est elle-même le premier commencement de ses actions. C'est de cette liberté même que résulte l'élection ou la damnation. Par elle, l'homme peut se tourner, selon qu'il lui plaît, vers la lumière ou vers les ténèbres, vers l'amour ou vers l'égoïsme : l'homme peut faire de soi un ange ou un diable. Il porte en lui-même son paradis et son enfer : le paradis et l'enfer extérieurs ne sont que des symboles de la bonne et de la mauvaise volonté. Non que l'homme se suffise à lui-même et se passe de la grâce divine. Son bon vouloir n'est qu'une prière, inefficace sans le secours de Dieu ; et cette prière même, Dieu a prévu de toute éternité qu'il la ferait ou ne la ferait pas. Mais les actions libres demeurent telles dans la prescience divine, laquelle, au sein de l'abîme primordial, ne se distingue pas du fonds commun de toutes les volontés.

Le premier signe et le premier effet de l'élection, c'est la foi. La foi, comme l'élection, est souvent mal comprise. Chacun se vante d'avoir la foi. Où est-elle en réalité ? La foi d'aujourd'hui n'est qu'une histoire apprise par cœur. Où est l'enfant qui croit que Jésus est né ? S'il le croyait, il s'approcherait de l'enfant Jésus, le recevrait et le soignerait en lui-même. Mais non : il ne connaît que l'enfant historique ; il trompe sa conscience avec une vaine érudition. Jamais on n'a tant parlé de foi, jamais la vraie foi ne fut aussi malade. En voulez-vous la preuve ? Jamais on ne s'est autant disputé, jamais on ne s'est autant jugé et condamné les uns les autres. Est-ce que Dieu juge et condamne les oiseaux de la forêt parce que chacun d'eux le loue à sa manière, sur un autre ton que les autres? Est-ce que l'infinie puissance de Dieu ne comporte pas une infinie variété d'hommages? Vous êtes, ô vous qui persécutez vos frères, plus inutiles que les fleurs de la prairie, plus fous que les bêtes inintelligentes. Vous êtes les oiseaux de proie qui effraient les autres oiseaux et qui les empêchent de chanter les louanges de Dieu. Croire en Jésus-Christ à un point de vue historique est chose aussi utile que de croire à une fable. Que de Juifs et de Turcs sont plus chrétiens que ces faux chrétiens, qui savent ce qu'a fait Jésus et qui font ce que fait le diable! Mais, dira-t-on, nous croyons à la parole. Il faut entendre ce qu'est la vraie parole. L'Écriture est utile, mais l'Écriture n'est pas la parole, elle n'en est que la trace effacée et muette. La parole est vivante, car elle porte l'esprit. Nulle formule ne peut l'embrasser, elle est infinie comme Dieu. C'est pourquoi la vraie foi est en définitive la volonté droite, librement soumise à la loi de l'esprit. Elle consiste à renouveler en soi la naissance et la vie du Christ, son baptême, ses tentations, ses souffrances et sa mort. Imiter le Christ, voilà la marque des enfants de Dieu. Le vrai chrétien n'est ainsi d'aucune secte. Il peut vivre dans une secte, il n'en dépend pas. Sa religion est intérieure et ne peut être contenue dans aucune forme.

La foi, ainsi conçue, est le commencement de la régénération. Que faut-il penser des moyens extérieurs que les Églises y ajoutent? D'une manière générale, les œuvres, par elles-mêmes, ne sont rien; et l'Église catholique romaine, qui leur attribue une valeur, est la Babel du monde chrétien. Erreur aussi de croire que la foi nous sauve en tant que, grâce à elle, les mérites du Christ nous seraient appliqués du dehors, comme une forme nouvelle peut être donnée à une matière passive. Une telle opération ne changerait pas le fond de l'âme, ne serait pas une seconde naissance. La foi ne saurait nous sauver par une opération théurgique enchaînant à notre profit la justice divine : elle ne nous sauve que par la grâce sanctifiante qu'elle porte en elle, et qui engendre en nous, du dedans, la pénitence et le Christ rédempteur. Justification est sanctification. Ce n'est pas l'objet de la foi qui nous régénère, c'est la foi elle-même.

C'est pourquoi nul moyen particulier de régénération n'est efficace si la foi n'en est l'âme. La vraie prière n'est pas la demande passive de l'assistance divine, c'est l'acte d'humilité de la volonté qui reconnaît son indigence et qui va à Dieu comme à sa nourriture ; c'est l'âme appelant et recevant la grâce sanctifiante. La vraie prédication n'est pas l'enseignement donné spécialement par le prêtre ou même par la Bible. Toute créature enseigne le fidèle qui voit et entend avec l'esprit. Les sacrements ne sont pas des secours qui surviennent à l'homme sans qu'il y mette du sien. Le vrai sacrement est la grâce divine descendant vers l'âme : l'âme ne se l'approprie que par la foi. Et la régénération, objet de la prière, de la prédication et des sacrements, n'est pas une nature nouvelle se greffant sur l'ancienne : c'est, au fond de la nature, l'esprit qui se réveille et se déploie ; c'est, par le renoncement au moi individuel, la personne qui se crée, c'est l'homme intérieur qui se substitue à l'homme extérieur.

Quelle est maintenant, la vie de l'homme régénéré ? N'est-ce qu'une apathie et une indifférence, une pure réflexion de l'esprit sur lui-même, un anéantissement au sein du rien primordial ? L'esprit, on le sait, n'est pas ce rien inerte, à la conception duquel aboutit la logique humaine par la suppression des différences. Tout être intérieur tend à devenir extérieur, tout infini est le désir d'une forme, tout mystère est un effort pour se révéler, tout esprit est la volonté de devenir un corps. Ainsi en est-il des vertus chrétiennes. Elles ne restent pas à l'état d'abstractions : elles se développent et se manifestent. Elles se manifestent par un complet renoncement à soi et un abandon complet à la volonté de Dieu, par l'humilité, l'amour des hommes, la communion des âmes à travers toutes les différences extérieures, par l'empire sur la nature, c'est-à-dire sur les désirs terrestres, et par la joie, cet avant-goût de l'éternité. Pour ce qui est de l'homme ancien et extérieur, l'homme nouveau ne le détruit pas, mais il se garde de s'oublier en lui. Tu vis dans le monde, chrétien ! tu y exerces un métier honorable ; Demeures-y, agis, travaille, gagne l'argent qui t'est nécessaire ; fais produire aux éléments tout ce qu'ils peuvent produire ; cherche dans la terre l'argent et l'or, fais-en des œuvres d'art, bâtis et plante. Tout cela est bien. Mais écoute cet A B C de la sagesse : Ne mets pas ton âme dans cette vie extérieure. N'enchaîne pas dans cette prison ton libre esprit. Si tu gardes ta liberté, tout te réussira dans le monde. Car tout, pour qui sait entendre, chante les louanges de Dieu. Les fautes même que pourra commettre ton compagnon terrestre n'atteindront pas ton âme et lui seront utiles. Une action n'est pas une habitude, et un arbre vigoureux se redresse sous le vent qui le fouette. En voyant faillir l'homme extérieur, tu comprendras mieux combien la nature est faible et combien grande et puissante est la miséricorde divine. Mais que l'homme ne s'imagine pas que dans sa vie terrestre il puisse jamais être dispensé de la prière et de l'effort. L'homme est et demeure libre, et n'est, en conséquence, jamais confirmé dans le bien. Le temps ne peut contenir l'éternité. Si forte que soit notre attache à Dieu, nous demeurons sous la puissance du diable. La lutte contre le mal est jusqu'au bout notre condition en ce monde. Que nous nous relâchions, et la nature nous ressaisit : la forme où se réalise l'esprit l'enserre et l'emprisonne, dès qu'il cesse d'agir. Il nous faut à tout instant nous reprendre, renouveler notre naissance nouvelle, recréer Dieu en nous. Et ce n'est qu'au terme de notre vie, que développé par nos constants efforts, se dresse indéracinable l'arbre de foi, d'espérance et d'amour!

Ainsi se prépare, dans le monde du temps, le rapprochement du bon et du mauvais principe et la reconstitution consciente et définitive de l'unité primordiale. Toute fin tend à rejoindre son commencement, mais en remontant plus haut, jusqu'au point fixe d'où dépend ce commencement même. Tant que l'homme est un corps terrestre, il peut et doit choisir. Mais avec sa nature temporelle disparaît la contingence de ses actions. La mort l'introduit dans l'éternité. Le fruit de ses libres déterminations est maintenant mûr ; il se détache ; et ce qu'il est, il l'est définitivement. L'homme donc, selon la nature qu'il a créée en lui, appartient désormais à Dieu ou au diable. Son libre arbitre s'est changé, soit en liberté et en amour, soit en caprice et en violence. Ainsi, la fin dernière des choses, c'est le dualisme définitif du bien et du mal en tant qu'œuvres de la volonté libre. A l'origine, Dieu a engendré le bien et le mal en tant que possible, c'est-à-dire qu'il a créé les conditions et les matériaux des bonnes et des mauvaises actions. De la manière dont se sont comportés les êtres libres est résultée, en fait, la réalisation des deux possibles que Dieu avait formés. Des deux côtés l'être a passé par trois phases ; le possible, le fait contingent, la détermination définitive. C'est en traversant la volonté consciente que l'idée est devenue chose, le possible nécessaire. Le royaume de Dieu est l'harmonie désormais indestructible de l'esprit et de la nature. Les individus y subsistent, et continuent à se distinguer les uns des autres, sans quoi il n'y aurait plus de nature ; mais ils vivent sans lutte, chacun selon son caractère : ils subsistent par l'amour seul et n'ont que faire de la haine. Ils ont conquis la véritable unité, laquelle n'est pas un rapprochement extérieur en vue de la satisfaction des intérêts égoïstes, mais la participation commune des âmes individuelles à la divine personnalité. Dans le royaume du diable, au contraire, la volonté de vivre a définitivement secoué toute loi et toute direction. Elle a ce qu'elle voulait : la vie comme unique fin de la vie. Dès lors, nulle harmonie, nulle bonté, nul amour. L'égoïsme et l'anarchie règnent sans partage. L'individu est son maître ; et cette souveraineté, qui repose sur la révolte et non sur l'obéissance, est la lutte sans fin et le tourment infini.

VI

Avec l'exposition des fins dernières de toutes choses s'achève la doctrine de Bœhme. Cette doctrine se présente à nous comme l'histoire métaphysique de l'Être, aperçue par l'intuition au fond de son histoire physique. Partis de l'éternel, nous sommes, à travers le temps, revenus à l'éternel. Le cercle est refermé : la révélation est accomplie. Qu'est-ce maintenant que cette doctrine qui, chez son auteur, s'appelle : l'aurore naissante, l'explication du mystère céleste et terrestre, l'exposition de la genèse de Dieu et de toutes choses, et d'une manière générale, le christianisme interprété selon l'esprit. Nul doute que ce ne soit-là tout d'abord une doctrine religieuse ; et il est naturel que Bœhme compte surtout des disciples parmi les théologiens. Mais serait-il légitime de s'en tenir à la lettre de la doctrine, pour juger celui qui professa par dessus toutes choses que la vérité est dans l'esprit, non dans la lettre, et que le propre de l'esprit c'est d'être à tout jamais inexprimable ? Évidemment, par cette seule théorie, Bœhme rejette déjà au second plan la religion proprement dite, inconcevable sans quelque révélation donnée, sans quelque fait positif, pour placer au premier la philosophie, ou, si l'on veut, la religion en tant qu'elle se confond avec la philosophie. Et en effet, pour qui lit les œuvres de Bœhme ainsi que lui-même nous prescrit de les lire, en y cherchant le sens spirituel sous les figures sensibles et intellectuelles, les doctrines d'un caractère philosophique transparaissent à chaque pas sous ses effusions religieuses. Les mystères théologiques de la Trinité, de la chute, de la Rédemption sont à coup sûr les sollicitations qui l'excitent à réfléchir. Mais sous ces mystères il voit le problème de la conciliation du fini et du mal comme réalités positives avec l'infinie personnalité comme source première et unique de l'être. Et la manière dont il résout ce problème est certainement une métaphysique sous l'enveloppe d'une théologie. Du fini et du mal dont nos sens constatent l'existence sont distinguées les conditions suprasensibles de la nature finie et de l'action mauvaise ; et ces conditions sont déduites de la volonté divine, en tant que cette volonté veut se manifester et se poser comme personne. Point de manifestation sans opposition. Dieu pose donc son contraire, afin de se saisir en se distinguant de lui et en lui imposant sa loi. Ce contraire ou nature éternelle liée à l'existence même de Dieu, sans être lui-même le fini et le mal, en fonde la réalité. Le fini est la dissémination librement opérée par Dieu, au moyen du temps, des essences contenues dans la nature divine. Le mal, c'est la nature, laquelle n'est qu'une partie, posée comme le tout par la volonté libre des êtres créés. Du fini et du mal, en définitive, la matière se déduit des conditions d'existence de la personnalité, la forme et la réalisation sensibles résultent de la libre initiative de la volonté. Ainsi le monde est tout autre chose qu'un simple non-être ou que l'effet sans consistance d'un acte de volonté arbitraire : il a une réalité, une existence interne et véritable ; il n'est pas Dieu, mais il est fondé en Dieu : il repose sur la nature même dont Dieu a besoin pour se manifester.

On ne saurait nier qu'il y ait dans ces idées, clairement exprimées par Bœhme à travers toutes ces métaphores, les germes d'un système philosophique. Mais quelle est la valeur et la signification de ce système? N'est-ce pas une œuvre isolée sans relation importante avec l'histoire générale de la philosophie ? Il faut bien le dire : si l'on excepte le célèbre philosophe inconnu, Saint-Martin, le théologien catholique Baader, et Schelling dans la dernière phase de sa philosophie, les philosophes de profession, lorsqu'ils ont lu Bœhme et qu'ils l'apprécient, lui décernent de vagues éloges plus qu'ils ne cherchent à s'assimiler ses doctrines. Les idées de saint Martin n'ont guère trouvé en France que des historiens ; et les Allemands ont surtout développé cette philosophie, issue de Leibniz, de Kant et de Spinoza, qui repousse la réalité absolue de la nature et le libre arbitre de la volonté, ces pièces essentielles du système de Bœhme. Mais sur ce point encore gardons-nous de nous en tenir aux apparences et aux détails. Deux traits, en définitive, caractérisent principalement les spéculations de notre théosophe : le spiritualisme, posé comme vérité fondamentale, et le réalisme admis sur la foi de l'expérience et rattaché par voie de déduction au principe spiritualiste. D'une part, Bœhme tient que l'esprit seul est le premier être et l'être véritable : l'esprit, c'est-à-dire la liberté infinie qui se crée des objets et des formes, et demeure infiniment supérieur à toutes ses créations, l'être insaisissable qui est partout par son action et qui lui-même ne peut être réalisé et devenir objet d'expérience ; la personne parfaite enfin, existence vivante et vraiment métaphysique, dont toute existence donnée et déterminée ne peut être que l'imparfaite manifestation. Mais, d'autre part, Bœhme est réaliste. Il n'admet pas que le multiple et le divers soient un vain fantôme de l'imagination, ou l'effet purement phénoménal d'une cause transcendante ; il n'admet pas que le mal ne soit qu'un moindre bien. La nature a son propre principe d'existence, contraire à celui de l'existence spirituelle. Le mal est une force vivante qui tend à détruire le bien. Poser le spiritualisme comme thèse, le réalisme comme antithèse ; et, dans une synthèse, concilier la réalité des objets de l'expérience avec la primauté de l'esprit : telle est l'œuvre de Bœhme. Telle est aussi, en définitive, le fond des principaux systèmes allemands. Pour les Leibniz, les Kant, les Fichte, les Schelling et les Hegel, c'est l'esprit qui est l'être, et l'esprit est l'infini vivant que nulle forme ne peut contenir. Mais pour tous ces philosophes le monde a une réalité propre, réalité qui est pour l'esprit une pierre de scandale et qui cependant doit être déduite de la nature de l'esprit. C'est dans cette antinomie de l'esprit comme principe et de la matière comme réalité que se débat la philosophie allemande; et la monadologie, l'idéalisme transcendental, la philosophie de l'absolu, l'idéalisme absolu ne sont que les solutions diverses d'un seul et même problème. Ce n'est pas tout. Idéalisme et réalisme, et recherche d'une conciliation de celui-ci avec celui-là, ces traits de la philosophie allemande se retrouvent, semble-t-il, ainsi que l'observent les historiens, dans la nation elle-même; et ainsi, quelle qu'ait été la communication extérieure des philosophes allemands avec J. Bœhme, ils sont unis à lui par un lien plus fort et plus intime que la simple influence : ils sont, sinon ses fils, du moins ses frères, enfants d'un même génie, expressions d'une même face de l'esprit humain. A-t-il donc été mauvais prophète, celui qui, en 1620, après avoir lu la *Psychologia vera* de Jacob Bœhme, salua son auteur du nom inattendu de « *Philosophus teutonicus* » ?

www.ingramcontent.com/pod-product-compliance
Lightning Source LLC
LaVergne TN
LVHW022145080426
835511LV00008B/1263